YO SOY A QUIEN TÚ AMAS

Derechos de Autor © 2022 Jose Larraga. Todos los derechos reservados. Primera edición publicada en Enero 2022.

Ninguna parte de esta publicación puede ser reproducida, distribuida. o transmitido de cualquier forma o por cualquier medio, incluyendo fotocopias, grabaciones u otros métodos electrónicos o mecánicos, sin el permiso previo y por escrito del autor, excepto en el caso de citas breves incorporadas en revisiones y ciertos otros usos no comerciales permitidos por la ley de derechos de autor.

Para solicitar alguna autorización, favor de comunicarse con Leticia Gomez, a: savvyliterary@gmail.com

Cubierta dura ISBN: 978-1-7370614-6-5
Formato electrónico ISBN: 978-1-7370614-7-2
Edición por Leticia Gomez
Diseño de portada y páginas interiores por José Lárraga
Ilustraciones por José Lárraga, Freepik Company, S.L,
Ilustradores de Freepik Company, S.L., y por Envato Elements Pty Ltd

Impreso en USA por Ingram Spark

Agente Literario, Leticia Gomez

Publicado y distribuido por:

Café con Leche

Café con Leche Books
3 Griffin Hill Court
The Woodlands, TX 77382
281-465-0119
cafeconlechebooks.com

PRÓLOGO

Estoy feliz de presentar esta edición especial ilustrada de mi libro titulado *Inefable* que fue publicado originalmente en el año 2019, y que sigue esparciéndose con gran aceptación entre los amantes de la poesía romántica.

Fue una verdadera misión el poder ilustrar cada uno de los poemas incluidos en esta renovada publicación. Pasión y dedicación no solo de un servidor, sino el de muchos talentosos ilustradores de varias partes del mundo de los cuales tuve el honor de recibir su colaboración para poder finalizar esta bella obra que hoy pongo a la consideración de todos ustedes.

Yo soy a quien tú amas

Orgullosamente este es el cuarto libro que escribo y publico, pero a diferencia de mis otros manuscritos, este libro tiene un sentido excelsamente grato pues es dedicado al amor incondicional entre dos personas que me han inspirado a escribir, a dibujar y a ser un soñador incansable. Por ello el título **Yo soy a quien tú amas** con el cual ofrezco un modesto reconocimiento a mis padres.

¿El porqué a mis padres? Bueno, independientemente a el contexto biológico, la vida de ambos, tanto la de mi Mamá como la de mi Papá, -antes y después de casados-, es como la de una película de Hallmark, en donde

"...Una hermosa y educada mujer de la gran ciudad, termina enamorada de un acaudalado, romántico y persistente ganadero..."

Mis padres, ambos eran provenientes de solventes familias dueños de inmensos y hermosos ranchos. Por parte de mi padre, su familia se dedicaba a la ganadería para la producción de leche en cantidades muy grandes. Por parte de Mamá, su familia eran propietarios de una rancho que usaban tanto para la ganadería, -pero en menor escala-, y también para el esparcimiento o descanso, pues la mayoría de ellos vivían en la gran capital, incluyendo a Mamá.

Papá aparte de ser el hijo de una familia poderosa y rica, era un hombre popular en toda la region. Destacaba en él su habilidad para montar caballos, ya que era un diestro jinete, dueño y conocedor de caballos de sangre, admirablemente entrenados por él. Era audaz e ingenioso, divertido y carismático, con gran personalidad. Un hombre de mucha confianza en sí mismo y mucha determinación,

un gran soñador y hacedor, un excepcional escritor romántico con un talento único y natural para dibujar, algo que disfrutaba y hacia constantemente, particularmente el dibujar caballos con lujo de detalle y en cualquier posición. Su última ilustración la dejó plasmada en una pared a la entrada de la casa en donde vivíamos. Ahí quedará por siempre.

En fin, Papá fue una persona llena de emociones e ideas, pero sobre todo, fue generoso con todos, humilde y servicial. Un inagotable trabajador que impulsado por sus sueños, siempre consiguió lo que se propuso.

Por ello sin temor alguno, enfrentó su falta de educación para acercarse a una mujer educada y elegante, perteneciente a una sociedad diferente, proveniente de una familia cultivada por los libros y la vida moderna de la metropolis, como lo fue mi madre, la cual lo

rechazó en diferentes ocasiones en su intento por enamorarla.

Tener la aceptación de Mamá no fue nada fácil para él. Pero Papá estaba convencido que cualquier sacrificio y lucha valdrían la pena pues finalmente había encontrado a la mujer que siempre había anhelado. Así es que, sin importarle los muchos intentos fallidos, el numero de serenatas ignoradas, las muchos ramos de flores rechazados, ni tampoco la cantidad de cartas de amor sin respuesta, se dedicó poco a poco a adueñarse del corazón de mamá.

Al final, su persistencia y románticas palabras plasmadas en papel con bellas ilustraciones, fueron las que hicieron posible que Mamá volteara a verlo y abrir la oportunidad para que el amor surgiera y creciera entre ellos, hasta formar la mas maravillosa familia del planeta en el año 1956 cuando contrajeron matrimonio.

Una vez casados, mi abuelo paterno le asignó a Papa su propio rancho, con suficiente ganado, caballos y trabajadores. Un rancho precioso y gigantesco, ubicado estratégicamente entre los dos ranchos de ambas familias, de Mamá y de Papá. Ahí tuvimos nuestra primera casa, "la casa de los señores", como la llamaban los trabajadores.

Yo soy a quien tú amas

En poco tiempo, los hijos empezamos a llegar y junto con nosotros los mas grandes retos y decisiones para Papá y Mamá.

Por un lado, Papa quería mantener y crear a su familia en el rancho como él fue creado, y por otro lado, Mamá quería que sus hijos tuviéramos la oportunidad de estudiar y ser profesionistas como ella lo fue, por lo cual vivir en la ciudad era la mejor opción. Y como si esta discrepancia entre ellos no fuese suficiente, mi abuelo paterno le pidió a Papa que se quedara en el rancho como condición para recibir oficialmente su parte hereditaria.

No me imagino lo difícil que halla sido en ese momento para Papá haber tomado una decision, pero hoy, después de tantos años, puedo decir que supo tomar la mejor de ellas al apoyar incondicionalmente a la mujer que amaba. Admirablemente Papá renunció a su fortuna, a las comodidades y privilegios a los que siempre estuvo acostumbrado, por el gran amor a Mamá y a nosotros.

Junto a su adorable musa e inspiración, agarrado firmemente de la mano de ella, sin voltear atrás y sin temor alguno, ambos dejaron el lugar que los vio nacer para ofrecernos a nosotros la oportunidad de estudiar y que fuésemos nosotros mismos, los que decidiéramos libremente y sin condiciones, nuestra manera de vivir.

A pesar de todas las dificultades que enfrentaron a partir de ese momento, de años y años de lucha ardua, de los dolorosos fracasos, de intentarlo una y otra vez mas, de negocios fallidos y de muchas carencias; jamás escuché a ninguno de ellos quejarse o lamentarse de la situación. Papá era feliz cuando llegaba a la casa. Siempre

Yo soy a quien tú amas

sonriendo. Mamá se desbordaba en atenciones para él. Platicaban largamente y sonreían de todo y por todo. Era tanto el respeto y la adoración del uno al otro, que su felicidad resplandecía como si fuera una aureola y cualquiera lo podia notar.

Por ello, fueron bendecidos no solo con alcanzar sus sueños, no solo con una abundante familia de seis hijos y una hija idéntica a Mamá, no solo con la herencia del rancho que originalmente nuestro abuelo le otorgo a él y que ahora pertenece a nosotros, si no con una vida boyante en el amor que se prolonga en la eternidad.

Por ello es que este libro **Yo soy a quien tú amas**, corresponde a mis padres, para continuar con su legado de amor y por la felicidad por la que ellos siempre lucharon y merecieron, así como para continuar con sus sueños.

Jose Lárraga

CONTENIDO

PRÓLOGO

1. INEFABLE 
2. MAÑANA
3. CONTIGO SE QUE LO GANO TODO 
4. ¿UN ANGEL O UN DEMONIO? 
5. EL MAS BELLO Y FRAGIL MURMURO 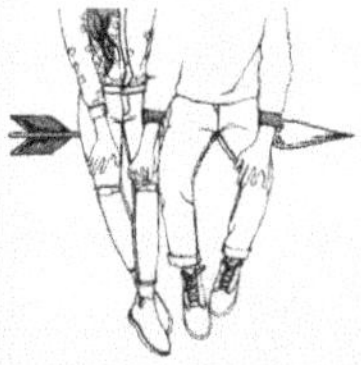
6. NO EXISTE EL CREPUSCULO EN EL OCASO 
7. DEJAME SER EL MISIONERO DE TU VIDA 
8. TODO ME TRAJISTE 
9. DAME UNA RAZON PARA NO AMARTE 
10. MI TIMONEL DIVINO 
11. ¿DE COLOR O BLANCO Y NEGRO? 
12. VOLVERIA A ESCOGERTE 
13. LA SOMBRA DE MI PENSAMIENTO 
14. EL LADRON DE TUS BESOS 
15. MI ULTIMA INSPIRACIÓN

16 MI GRAN SEÑORA

ENCADENADO **17**

18 MIL MIRADAS

22	23	24	25	26	27
ERES UN MOMENTO EXACTO 	MAÑANA VOLVERÉ A VERTE 	ME HA SIDO FÁCIL AMARTE 	SIN PROMESAS 	AHORA QUE ESTOY SOLO 	EL TREN DEL AMOR 

32	33	34	35	36
 SEDUCTORA ADICCIÓN	 EL LUGAR QUE SOLO TÚ Y YO CONOCEMOS	 CREE	 LA SOMBRA DEL TIEMPO	 TODO PASA, PERO NADA CAMBIA

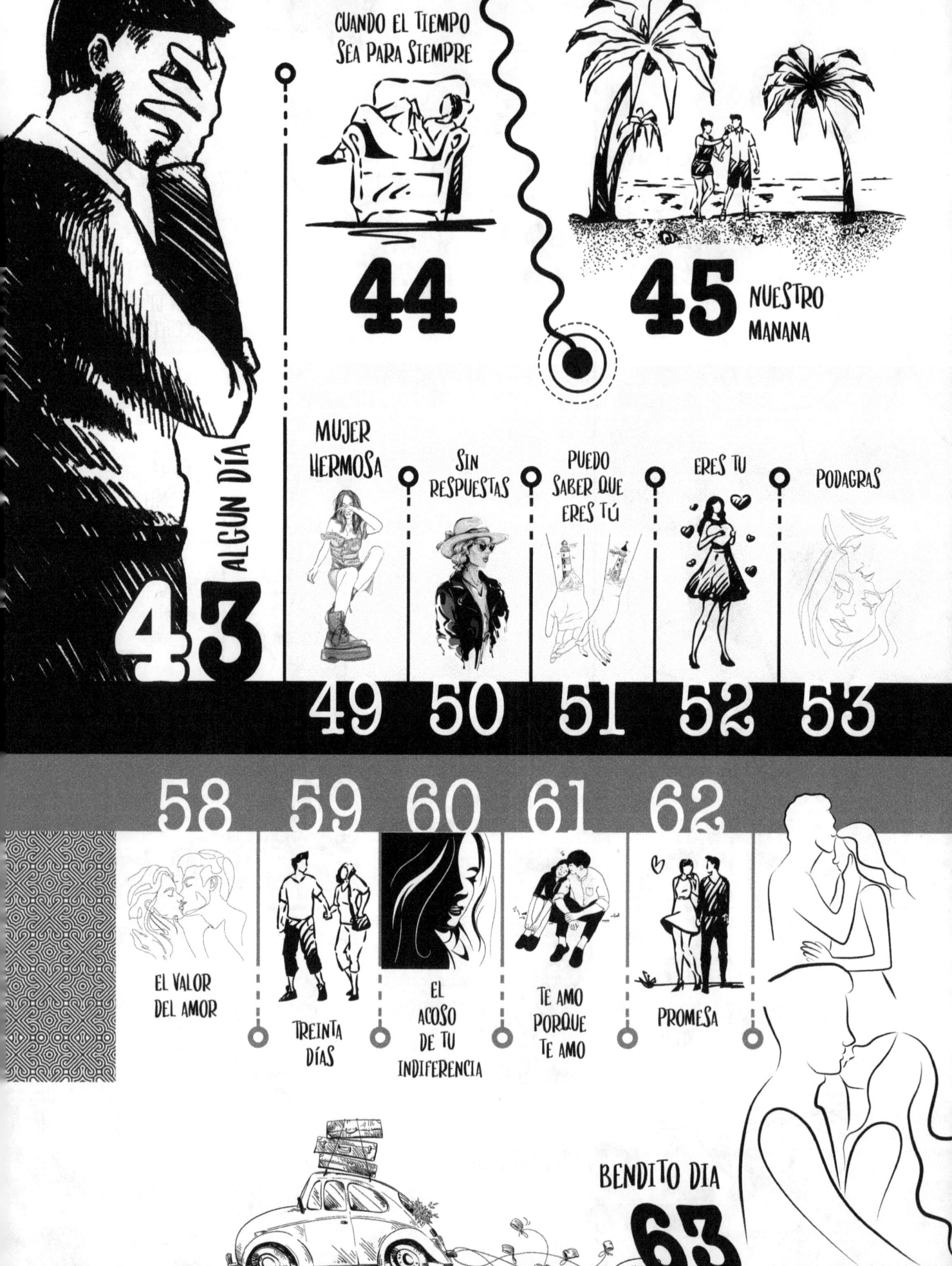

VOLVER A EMPEZAR
46

NOVIA MIA
47

LA COPA DE VINO
48

100 AÑOS

EXISTES, PERO YO NO EXISTO

¿COMO?

POCO A POCO

54   55   56   57

65   66   67   68

69

¿PARA QUE?

UN HUECO EN EL JARDIN

NADA MAS QUE HACER QUE AMARTE

FALACIA

LA VERDAD
64

YO CONTIGO Y TU CONMIGO

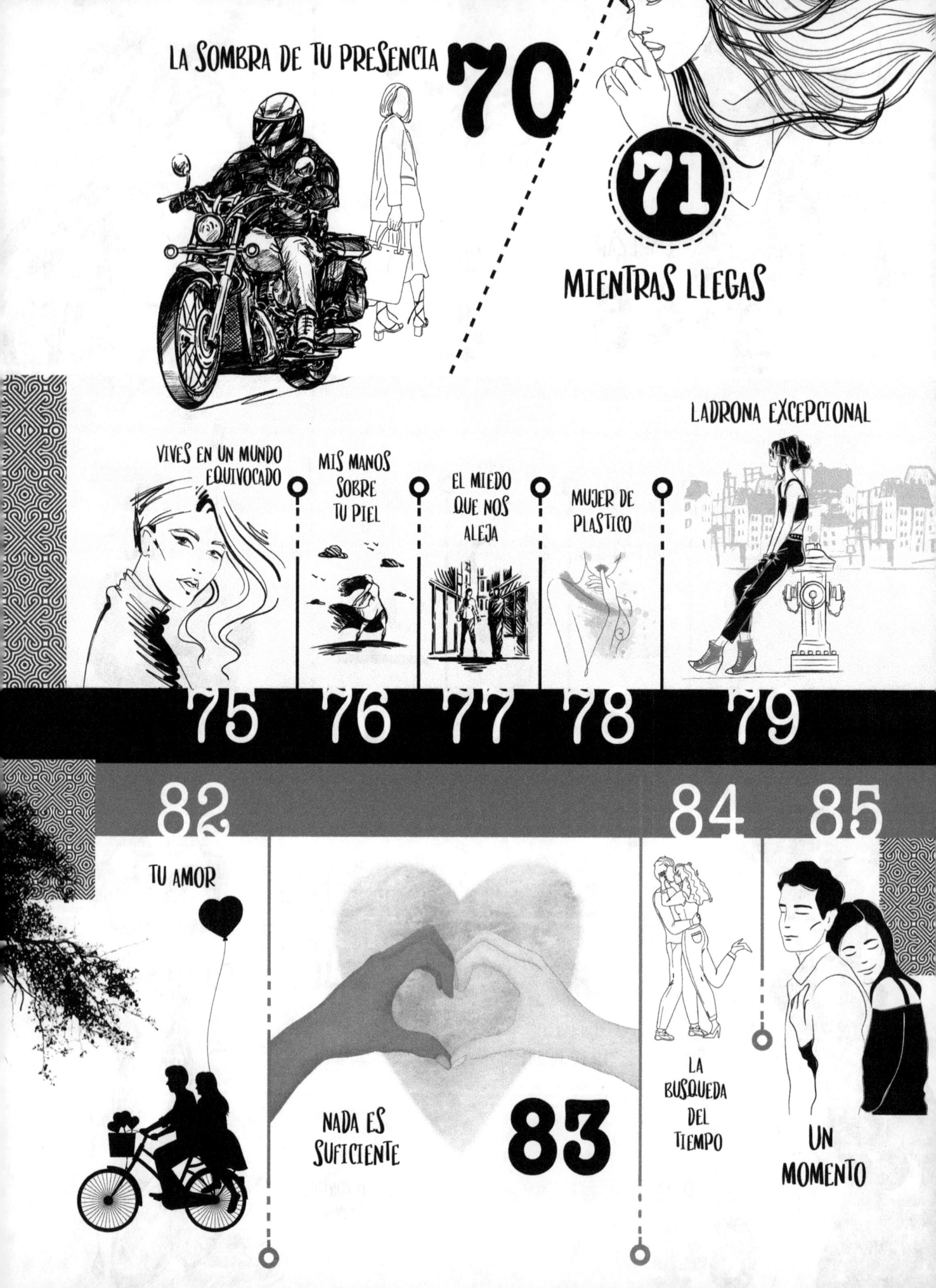

72 FUE DIFÍCIL ESTAR SIN TI

NO PARA DE LLOVER

73

TU AMOR TODO LO HA CAMBIADO **74**

LA LUNA DE TUS NOCHES

80

DIAS

81

AGRADECIMIENTO

Bien Merecido

Reconocimiento

A LAS PERSONAS QUE ME AYUDARON.

AGRADECIMIENTO

······ ♥ ······

GRACIAS A TODOS

Yo Soy A Quien Tú Amas

Inefable

1

*Hiciste que mi corazón se entregara por completo.
Te dejé entrar e hiciste de él, un universo inerme.
Benévola fue mi esencia, que se coló sin contenerse.
Devorando todo lo tuyo, sin reserva, sin prudencia.*

*Al tocarme, revelaste en mi, un amor puro y limpio.
Y tú, olvidando las promesas, optaste mejor por irte.
Sin darme una oportunidad, te aislaste en el silencio.
Cuando yo tenía el derecho de saber, pero nada supe.*

Sin pestañear, me acorralaste en el tiempo perfecto.
Siendo la intérprete magistral, de una obra maestra.
Esta es tu falacia, de que la justificación no existe.
Avatares que sacuden mi ser, sin ninguna clemencia.

Ahora vives hospedada, donde no vive la confianza.
Envuelta en los brazos, que por años condenaste.
Vaciada en la ilusión, de caminar en otro horizonte.
Alejada de los sueños, que creamos para siempre.

Hoy en mi mente sigues como en esos divinos tiempos.
No hay noches, ni hay días, que no sepa que existes.
Hoy se que el amor nunca termina, sino que principia.
Siendo el misterio inefable, que desnuda el alma.

Sin lugar a dudas, eres y serás el amor de mi vida.
Que el dolor es insuficiente, al amor que llevo dentro.
Es una divina sensación de morir y vivir al unísono.
Caminando a un final, deseando que no fuese el mío.

Pero se, que esto no es por mi, si no que es por ti.
Por ello no voy a contener el palpitar de mis suspiros.
Voy a erguir mi cabeza, aunque duela tenerla en alto.
Para implorar un amén, en la serenidad del tiempo.

Medroso decoro que ha convertido todo en tinieblas.
Endeble tu fe, que ignoró el motivo de los poemas.
Ya nada existe en el perdón, ni tampoco en el olvido.
Solo la verdad de la luna, y el sucumbir del espíritu.

Mañana

2

Mañana es el día en el que el hielo ya no exista.
Correrá derretido en la pendiente de las montañas.
Las estrellas se reflejarán en los blancos suelos.
Eufóricas en el colofón de las brutales gélidas.

Mañana será cuando cambien los días y las noches.
En el que se aleje por siempre el glaciar del tiempo.
El camino crujiente cederá a los incesantes pasos.
Padeciendo al silente sonido, del ruidoso quebranto.

Mañana amanecerá un estandarte para el ánima.
El eco ensordecedor vivirá, ante tanto misterio.
Resplandecerá la nieve, como si fuese diamante.
Fulgurante esplendor, cenit de la más bella galaxia.

Mañana verás las chispas con la ilusión en las manos.
Luces relucientes, vagas, en la oscuridad del abismo.
La enorme prueba, que nace y que mañana se acaba.
Revelando secretos ocultos, en la intimidad del alma.

Mañana palpitará el corazón, inhalando un aliento.
Siendo ese, el espíritu sagrado de la luz del universo.
Es un glorioso mañana que nace, de perder la batalla.
Reluciente en el arcoíris, al vencer toda una guerra.

El mañana, será esencia de una ilusión transparente.
Nunca círculos incrustados en las inocentes arterias.
En el mañana se desempolvan los genuinos recuerdos.
Y se gesta el florecer, del mas bello nuevo encuentro.

Ahí aunque queden cicatrices de las fogosas refriegas.
El ensueño se agiganta birlando el diminuto estorbo.
Por que ahí se anida la recompensa del sentimiento.
Y nace el mañana, para descubrir la historia perfecta.

En el mañana, no hay consuelo para la falta de tu aroma.
Seguro que aún estando a mi lado, te querré más cerca.
Juntos en el mañana, para vivir hasta el final del tiempo.
Cada mañana, descubriendo, el mas frio y ardiente suspiro.

Daria todo por sentir una simple sonrisa.
Un bello y alegre sonreír junto a tu hambrienta mirada.
Que me hagan callar con el destello de la intensidad.
Que alimenten las letras que plasmo en mis poemas.

Tú eres la idéntica fuerza que fluye por mis venas.
Mí aliento, mi inspiración, mi entusiasmo y mi universo.
Contigo aún los más difíciles y arduos caminos,
se transforman en los más bellos tersos destinos.

Palpita mi corazón por la ansiedad de conocerte.
Que estés aquí a mi lado, donde pueda sentirte.
Voltear a ver con la seguridad de que podré verte.
Que te quedes junto a mí, para por siempre tenerte.

Este es el inmenso lugar del tiempo para conquistarte.
En el que día a día, el mundo a tus pies ponerte.
De donde jamás querrás irte, porque estarás feliz.
Boyante y brillante; sonriendo, con tan solo amarte.

Pero hoy, ya no puedo más quedarme con las ganas.
Que a mí corazón ha llegado el sentir de tantas cosas.
Eres la razón para que mis deseos salgan de esta jaula.
El vivir intensamente, un amor que ya no es lejano.

*Solo por saber que existes, esta idea me avasalla.
Que me hace daño y atormenta ignorar lo que siento.
Por ello, debo perseguir el espíritu de tu encanto.
Hasta alcanzarte, en la oportunidad del tiempo.*

*Contigo sé que lo gano todo y aún mi libertad recupero.
Porque si hoy ha llegado este codiciado momento,
quiero morir en el intento, desenmarañando este nudo.
Aunque seas un alma indomable, dueña del viento.*

*No puedo renunciar al sentimiento de ver al cielo.
Ni tampoco buscarte en la apostilla de mis recuerdos.
Que en mi vida, solo el fugaz futuro del mañana existe.
Contigo a mí lado, postrada como la más linda esfinge.*

¿Un ángel o un demonio?

4

Entre más tiempo pasa, más me hundo en esta mirada.
Creo que ahora toda mi vida está en el vientre de tus manos.
Y aunque este, no sea el principio ni el final de nuestra historia.
Seguro que a tu lado, mi alrededor siempre será fascinante.

Llevo en mí tu voz, que hoy ha pronunciado mi nombre.
Lo he escuchado de tus labios con un acento más bello.
Han hecho salir los sentimientos ocultos en las sombras.
Amantes y valientes con el decoro por sentir tus besos.

No sé si eres un ángel o un demonio por lo que has hecho conmigo.
Solo sé que mi alma en el tiempo se ha encontrado en el vacío.
Ha buscado incansablemente un amor como el tuyo para llenarla.
Para después, con el amor que sale de mi alma, llenar la tuya.

Sé que estás ahí, aunque hoy no pueda escucharte.
Tan solo una señal tuya, haría esta ilusión diferente.
Que apague el prolongado silencio que hoy me atrapa.
En donde el pensar en ti es tanto, que ya no es suficiente.

Sé que ahora estamos bajo el mismo espacio.
Que tan solo con pensar en ti, puedo saborear tus mieles.
Porque en mí, la ausencia de ti, es tan solo un engaño.
Que me convence más y más, que eres mí eterno mandato.

*Oh, hermosa princesa, dime algo que me dé una esperanza.
Un pellizco que me diga que eres real y no un fantasma.
Aunque sea, desde ahí donde estas, grita tu indiferencia.
Pero dime algo, con lo que sepa que no estoy delirando.*

*Quiero también que sientas lo que yo estoy sintiendo.
Que veas que aún estando lejos no existe la distancia.
Que con la ilusión del corazón, se acaban los miedos.
Se derrumban muros y se construyen bellos mundos.*

*Hoy me parece que en mi sueño puedo tocar tu pelo.
Huelo el suave aroma de las flores que salen de tu cuerpo.
Ha quedado en mis manos, la huella de tu piel que han acariciado.
He despertado con el sabor, que tus besos me han dejado.*

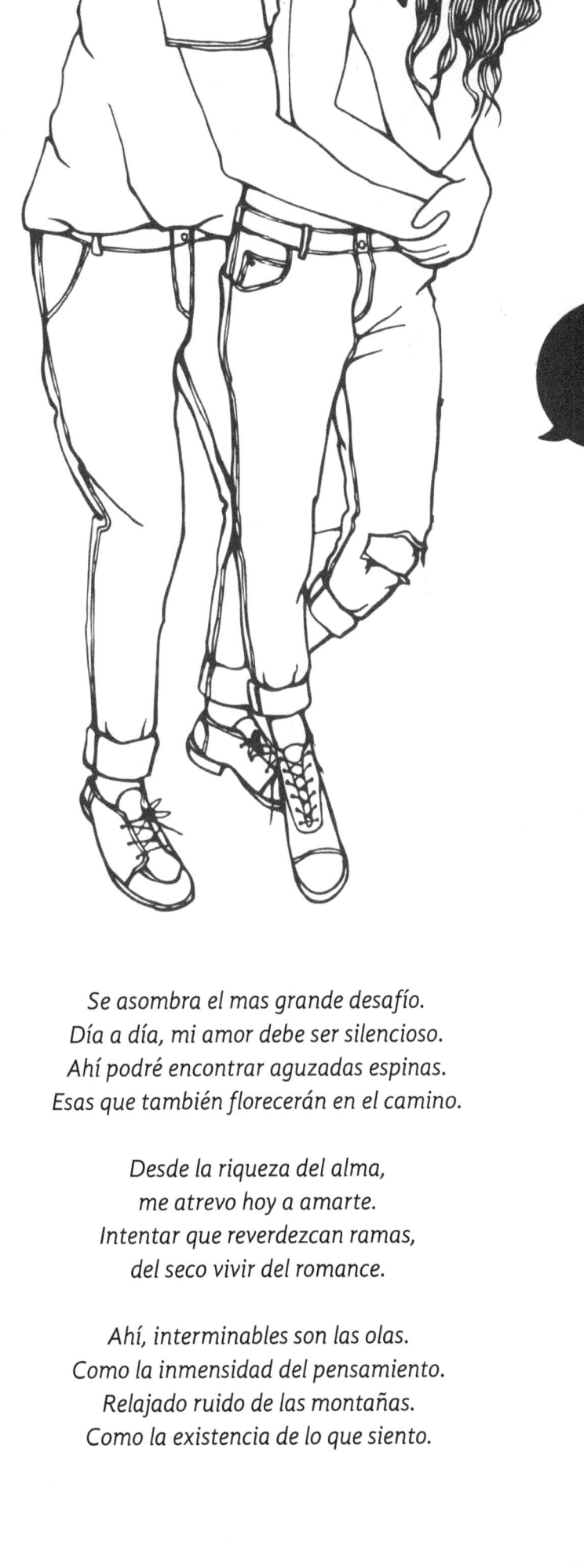

Se asombra el mas grande desafío.
Día a día, mi amor debe ser silencioso.
Ahí podré encontrar aguzadas espinas.
Esas que también florecerán en el camino.

Desde la riqueza del alma,
me atrevo hoy a amarte.
Intentar que reverdezcan ramas,
del seco vivir del romance.

Ahí, interminables son las olas.
Como la inmensidad del pensamiento.
Relajado ruido de las montañas.
Como la existencia de lo que siento.

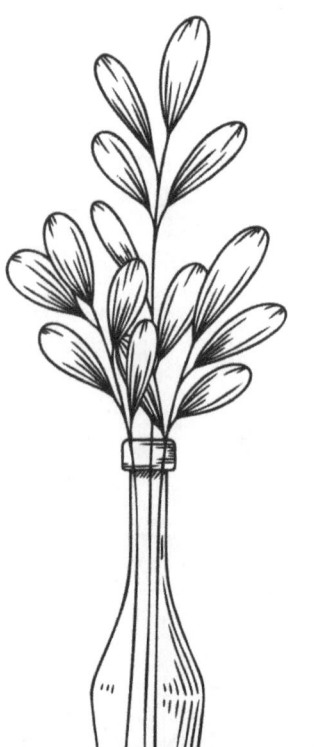
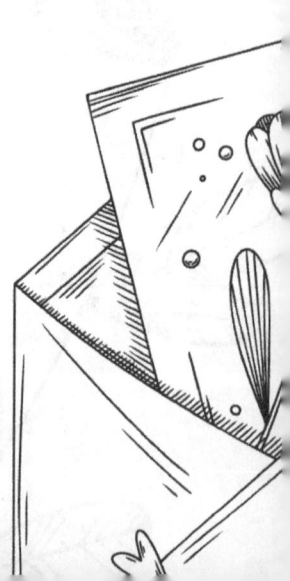

*Fuerte y firme sigues en mi mente.
En la esperanza del nuevo tiempo.
Soy esa sangre que vive y se agita.
Solo por sentir que estas aquí dentro.*

*Las fechas pasan frente al mirar.
Prometiendo un raudo regreso.
Que te ame desde aquí por siempre.
Con la pasión de un amor intenso.*

*Mi fe ha visto tu gran llegada.
Mi corazón, feliz por tu esperar.
Ahora se ha perfumado mi respirar.
Pues todo mí ser, te puede escuchar.*

Eres el más bello y frágil murmuro.
El sentir y el vivir de la nueva claridad.
Con lo mejor que hay dentro de mí.
Callará el amor, por toda la eternidad.

Mi tinta sé derrama en las palabras.
Para declararte lo que hay en mí alma.
Eres mi vida, mí mundo y mí universo.
Eres la razón, de este hermoso tiempo.

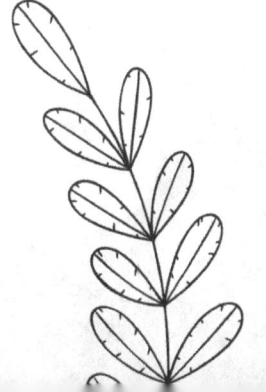

Ayer decidí vivir la vida contigo.
Tus palabras me han dicho lo mismo.
Voltearé siempre hacia donde tu estés.
Porque ese ha sido, y será mi destino.

Desafiante hembra, que estás más cerca.
Has alimentado una bella esperanza.
Hoy dejaré todo por estar en tu mañana.
Y ser el guardia real de tu existencia.

Veo el pánfilo gesto de tu cara.
Y siento tu febril corazón que palpita.
Actúas como una pitusa hermosa.
Seducida por tantas de mis caricias.

No existe el crepúsculo en el ocaso.
Solo en el esplendor de tus ojos.
Tu eres la luz impetuosa del despertar.
Y la apacible claridad, de mi oscuridad.

Mi corazón vibra con tu presencia.
Es el final y el principio que se acercan.
Vivo ahora, en tus labios llenos de dulzura.
En tu cuerpo de fuego y tu inocente ternura.

En ti he visto el rostro de un ángel,
que me ha traído al mismo empíreo.
Contigo nunca termina la inmortalidad.
Solo vive, el umbral de un camino excelso.

Tu bella sonrisa resplandece como el sol.
Igual que la flor alegra lo marchito.
Tu pasión calma las olas del belicoso mar.
Y retumba en mi ser, con todo el encanto.

Por ti, al artífice puedo corresponder.
Agradecer que estas aquí para mí ser.
Con la ilusión del horizonte que tu permites.
En la verdad de que existo, porque tu existes.

Déjame ser el misionero de tu vida

7

Ahora mi vida la tienes en tus manos.
He perdido la libertad del pensamiento.
La he cambiado por la figura de tu sonrisa.
Presente en la tundra de la suave brisa.

Quiero disfrutar el sabor de la miel.
Que sale del panal de tus carnosos labios.
Alcanzar el entrañable infinito,
que antes en mí, sé veía muy lejano.

Me siento flotar en las nubes.
Esta felicidad me ha contagiado.
Sé que eres una rosa celestial,
porque mí camino, ya has perfumado.

Estoy acostumbrado al sentir de tu boca.
A saborear tus deliciosos besos.
A murmurarte al oído mi amor.
Y al final, desvanecerme en tus brazos.

Correr mis dedos por tus hombros.
Sentir la sedosidad de tu pelo.
Quiero escaparme entre tu cuerpo.
Y sentir que estoy en el cielo.

*En tus ojos, es fácil ver las estrellas.
Claro, como escuchar tu silencio.
Sin hablar, entender lo que dices.
Y vivir, aunque sepa que muero.*

*Aquí tienes mi corazón completo,
que hoy nace, cuando estaba inerte.
Estoy hecho solo por la ansiedad de verte.
Siendo el amor, jamás existente.*

*Déjame ser el misionero de tu vida.
Colmar la fuerza insaciable de la esperanza.
Estar en ti, ante la apetencia de un futuro.
En la emoción que seremos tu y yo, solo uno.*

Todo me trajiste

8

*Me trajiste la luz,
cuando todo estaba obscuro.
Me trajiste una ilusión,
cuando todo era vacío.*

*Me trajiste un bello estruendo,
cuando todo estaba silencio.
Me trajiste mucha calma,
cuando estaba muy aturdido.*

*Me trajiste un amor,
cuando estaba con dolor.
Me trajiste un despertar,
cuando solo estaba dormido.*

*Me trajiste una ambición,
cuando estaba sin camino.
Me trajiste un horizonte,
cuando estaba perdido.*

*Me trajiste fe,
cuando no había esperanza.
Me trajiste un mirar,
cuando todo se apagaba.*

*Me trajiste un sentimiento,
cuando nada había en mi espíritu.
Me trajiste una sonrisa,
cuando todo era tristeza.*

*Me trajiste un suspirar,
cuando me ahogaba en un llanto.
Me trajiste sueños,
cuando nada existía adentro.*

*Me trajiste un futuro,
cuando no tenía presente.
Me trajiste un empezar,
cuando vivía un final.*

9
Dame una razón para no amarte

Solo dame una sencilla razón, el por qué no cortejarte.
Una clara y válida razón, por el cual no perseguirte.
Anda a tu puerta y mira que soy yo, que estoy aquí.
Soy yo, el que ha llegado a ti, con el hálito de amarte.

Pero pregúntale a tu corazón si tiene una crédula razón,
Un buen motivo, para no estar desesperadamente loco.
Estoy adicto a ti, que también mi respirar se quiebra.
Agobiado en saber, lo que tú quieres que para ti, yo sea.

Lo que yo siento es más grande que el mismo universo.
Como si fuese la esencia de un fuego, voraz y violento.
Escucha que estas incrustada en lo íntimo de mi adentro.
Sin duda eres, el único motivo de mi sofocante aliento.

Ahora, ya no importa lo que hagas, ni aún si te escondes.
Que en cada segundo te veo, en la mirada de mi horizonte.
Con tu presencia, no importa lo difícil que sea el caminar.
Eres el amor que quiero alcanzar y al final, mi recompensa.

Ahora grita, que vive en ti, una razón, para no besarte.
Que el mas recio grito, será insuficiente para detenerme.
Entonces calla, para que escuches tu corazón palpitante.
Ahí se atesoran las verdaderas razones para pretenderte.

Dame solo una razón, para no tocarte y quedarme quieto.
Para no escribir la verdad espontánea de un sentimiento.
Dime tu ¿Porque no debo cerrar los ojos y pensar en ti?
¿Porque no abrirlos y soñar contigo, estando despierto?

Dí una razón, para no sentir que a tu lado, soy invencible.
¿Porque renunciar a la ilusión, de esta excitante travesía?
Dime ¿Como me alejo de ti, si lo que quiero es acercarme?
¿Como abandonarte, si quiero estar contigo, para siempre?

Tu eres la razón, por la que las palabras, salen de mi boca.
Por ti mujer, mi corazón sangra, por vivir en tu ausencia.
Dime una sola razón, para que no vivas en mi pensamiento.
Si tú eres toda mi razón, y la razón de todo lo que no tengo.

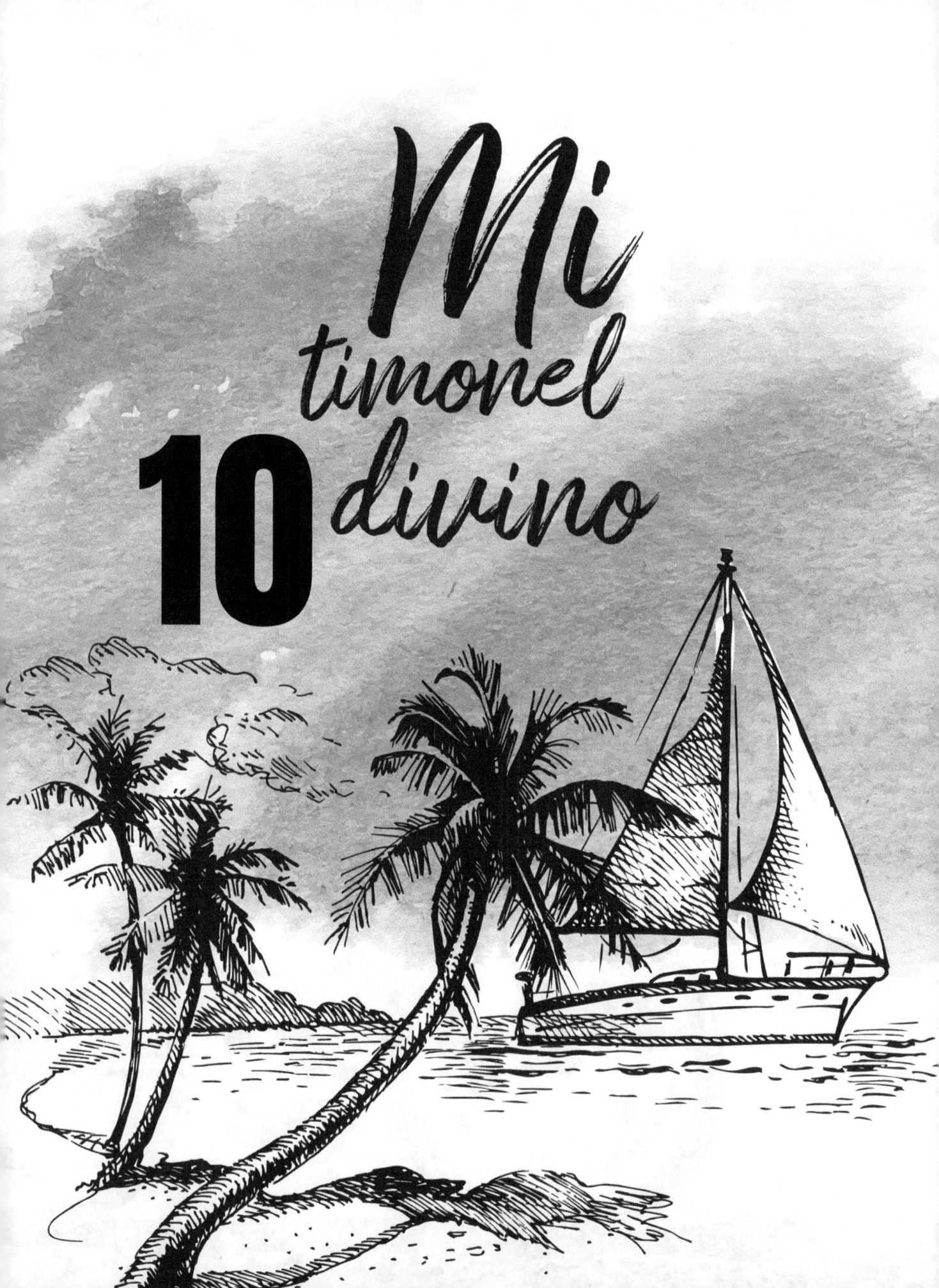

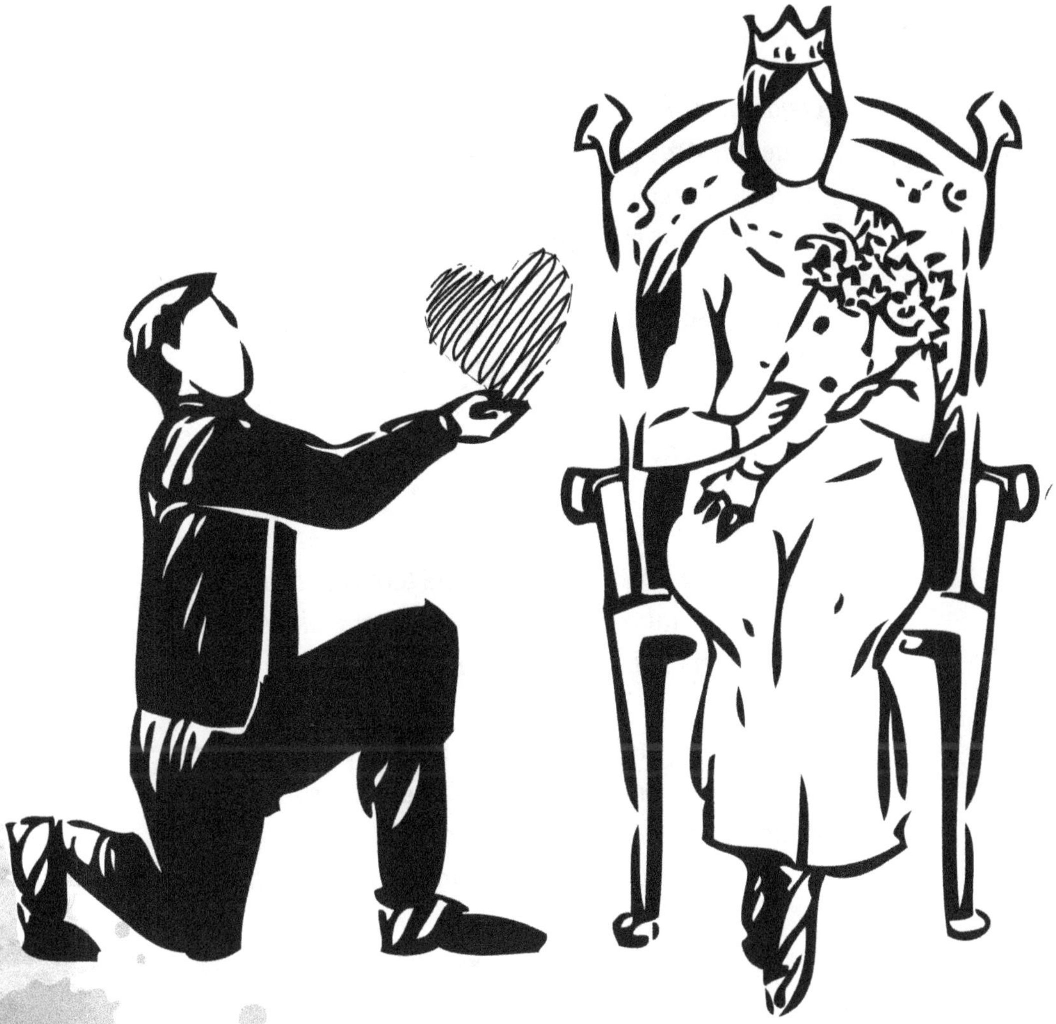

Quiero ser el gran guerrero de tu gloria.
Quiero saber el gran secreto de tu alma.
Darme cuenta, si ahí mi nombradía existe.
Para que no more, la pesadumbre de elegirte.

No puede algo tan bello, existir en el desierto.
Ni tampoco ser, un solitario y vano espejismo.
Hoy el cupido ha mutado por todo mi alrededor.
Flechándome para ser solo de ti, el fiel esclavo.

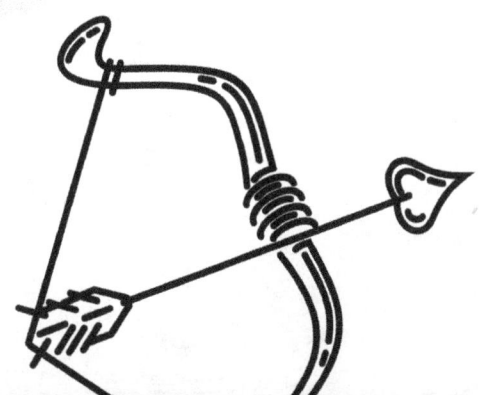

Deja agarrar tu mano y fuertemente afianzarla.
Que nuestras venas sé enlacen estrechamente.
Que se mezclen para borrar las viejas secuelas.
Refugiados en la fe, de las altas montañas.

Tengo mucho tiempo surcando estas aguas.
Pero ahora he navegado por el camino preciso.
La brújula del amor me hizo ver un faro a lo lejos.
Convencido que seas tú, mi timonel divino.

Mañana atrancaré con la fortuna de que estés ahí.
Despertando en la fantasía de tenerte cerca.
Ayer en el limbo, y hoy, sabiendo lo que piensas.
Exiliado en tus brazos y liberando una sentencia.

Tu eres la única que puede colmar está añoranza.
Hacer que se olvide el abandono en una sonrisa.
Ya no permitas vivir la zozobra de la melancolía.
Que ya no quiero estar retraído por tu ausencia.

Tu eres la adorable diosa que puede parar la lluvia.
La que inmoviliza las olas, para que no te golpeen.
Ven a rescatarme, con las redes de tus ojos verdes.
Déjame adentrarme, en la inmensidad de tus mares.

Tu eres la pócima mágica, que oxigena el cosmos.
En donde no se oculta, ni el mas mínimo misterio.
Contigo vivo la verdad de los pequeños motivos.
Bogando siempre, el retoñar de bellos capullos.

Ya no quiero que estés triste.
Hoy por siempre quiero verte feliz.
Puedes recargarte entre mis brazos.
Y dejarte perder en mi sonreír.

Contigo volaré por los fuertes aires.
Cruzaré todas las largas fronteras.
Caminaré entre las turbulentas aguas.
Y perseguiré grandes, nuevos sueños.

*Eres la más bella existencia.
La mas intensa luz de mis tinieblas.
La única mujer por la cual suspiro.
La mas fascinante musa, a la que adoro.*

*No sé cómo empezó esta sensación.
Es tarde y ya no intento regresar.
Solo deseo vivir la vida contigo.
Seguir por siempre, el juntos caminar.

No importa si el mundo es de color,
o simplemente, blanco y negro.
Solo sé que contigo tengo todo.
Completamente, lo que anhelo.*

Porque el amor es un bello dolor.
Cuando el alma queda al descubierto.
Se alimenta de palabras hermosas.
Y el recuerdo de bonitos momentos.

Eres la mujer que ha visto mi alma.
La que adorna mis pensamientos.
La que ahora vive dentro de mí.
Sin importar los vanos tiempos.

Eres la mujer que realmente amo.
La ladrona que todo ha hurtado.
La que sé ha llevado mi corazón.
Y la que su corazón, me ha dejado.

Eres algo maravilloso, que hoy en mí alma atesoro.
Como el llegar de la alborada, al final de una jornada.
Aún sin abrir los ojos, en cada amanecer puedo verte.
Pero desearía estuvieras aquí, para poder abrazarte.

Ya no puedes mantenerme alejado de tu cuerpo.
Has retornado la inspiración que ayer cruzó la puerta.
Ahuyentaste los parcos tiempos hastiados de desdeño.
Luciendo días animados, llenos de tu fuerza y empeño.

Has sido difícil de encontrar, pero fácil de querer.
Germinaste un instinto natural, que me hizo amarte.
Por ello, aún en la turba sinfín, volvería a escogerte.
Pues te veo con el alma, por ser la musa de mi arte.

Me doy cuenta que somos una historia enigmática.
Una escaramuza obstinada de un deseo constante.
Causando escalofríos que cimbran un espíritu bravío.
Codiciando la verdad, donde existe el jubiloso diamante.

Hoy es fácil entender del porqué de este alborozo.
Ha valido la pena esperar al destino por este tiempo.
Vive en mí, el apetito innegable del clamor de tu anhelo.
De pertenecernos, por siempre juntos, aún en el cielo.

Contigo sé que en vida, se puede llegar al paraíso.
Basta tan solo con voltear a verte y tocar tu rostro.
Sin importar que ayer, quedaron rosas en mi camino.
Hoy, no existe más, que el oasis de nuestro destino.

*Soy el hombre que he aprendido a amarte en silencio.
En donde moras, en el primero y último pensamiento.
Por el resto de la vida, quiero estar a tu vida expuesto.
Día y noche, en el vergel, o en el más árido desierto.*

*Hoy, he despertado anestesiado por sentir amarte.
Sonriente en la complacencia de una viva promesa.
Sabiendo que ahora, ya no hay lágrimas ni hay llanto.
Y fundido en el vivir, de un hasta el final del tiempo.*

13

LA SOMBRA DE MI PENSAMIENTO

Tengo el alma desgarrada por no tenerte.
Me duele el corazón por sentir lo que siento.
Esta distancia ahora está más lejana.
Y en ella, me derrumbo en mil fragmentos.

Me sostiene la pilastra, de la euforia del mañana.
Donde es suficiente, la ilusión de una promesa.
Esperaré con codicia, a rayo partido del sol.
Para calentar la azorada alma, de una penumbra.

Tus secretos son guerreros que matan el dolor.
Caminan firmes, haciéndome parte de tu universo.
Y tú, que sigues sin ver que estas en mi alrededor.
Como las caricias que llegan, de una gélida tormenta.

Has traído a mi vida una gran enigma.
¿Acaso, estoy enamorando de la penumbra?
¿O será, que mi corazón es el llano de una fábula?
¿O acaso sobrevivo el desenlace de una novela?

Solo sé que eres un alivio a mi infinita confianza.
Porque si existes y estas lejos, puedo sentirte.
Si eres una sombra, mi corazón puede verte.
Y aunque no te conozca, hoy, ya puedo amarte.

Tú eres la copla, que me ha traído a este espacio.
En la que me quiero reflejar, como si fueran tus ojos.
Eres la inspiración, que he llevado dentro.
El perfume que huelo, en el correr de los vientos.

Nuestra aurora está donde principia el arcoíris.
En donde termina el candente anhelo.
Ahí sabrás que eres la sombra de mi pensamiento.
La fe de mi pasado, y el amor de todo mí tiempo.

Por ello nada es sorpresa, en el día o en la noche.
Que solo espero paciente, la magia de tu fuego.
Acariciar tu respirar y escuchar tu silencio.
Para anegar tu amor, con las lágrimas de un sueño.

14
EL LADRÓN DE TUS BESOS

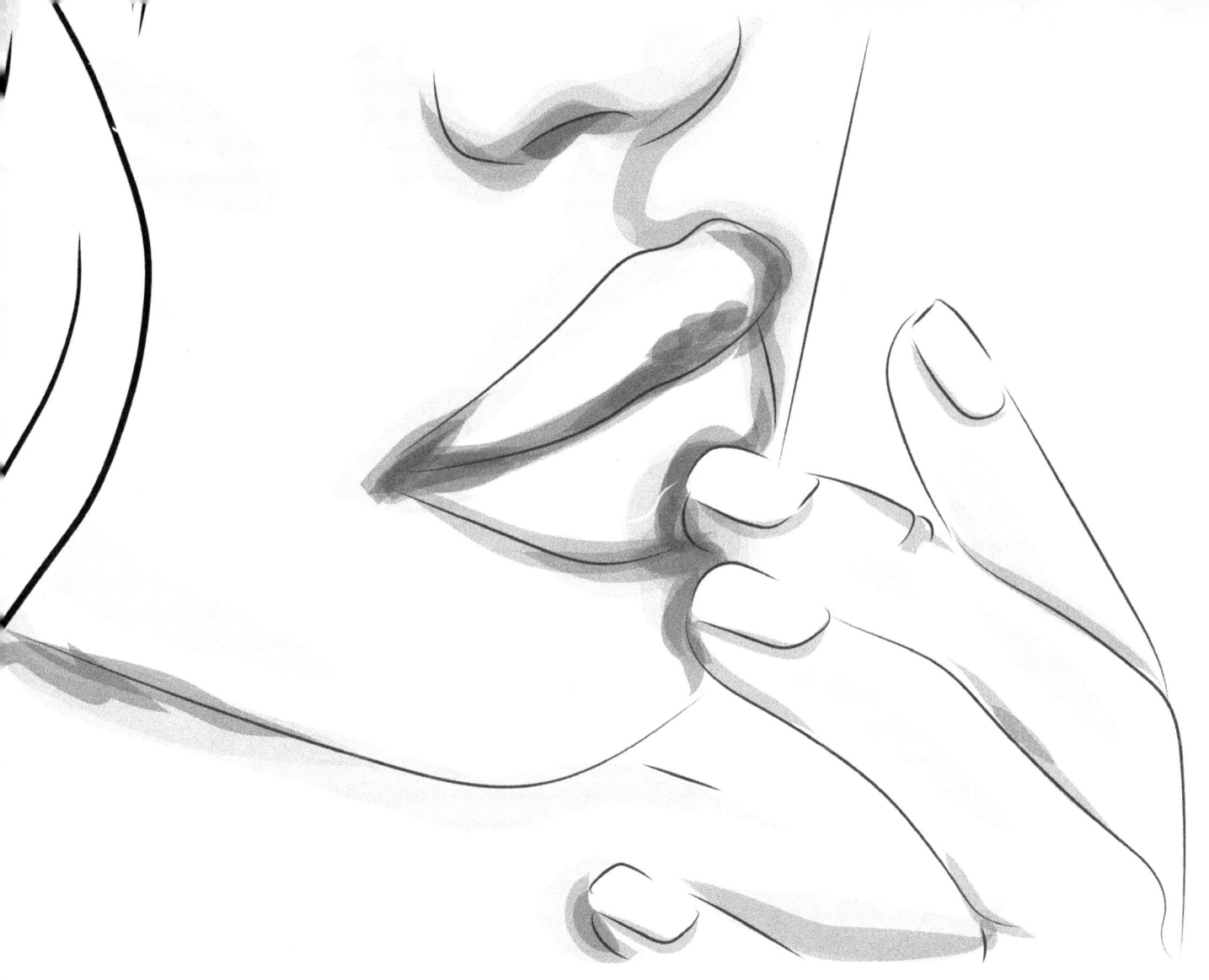

No puedo robarte un beso que tú me has dado.
Descubre que soy ya, una realidad en tu alma.
Veo que mi sombra existe en el brillar de tu mirada.
Y que tu pecho palpita al escuchar una palabra.

Hoy vives el deseo vorágine de prolongar la historia.
Durmiendo sedienta de un abrazo que te cobije.
Mueres por sentir una caricia, que tu cuerpo roce.
Sabiendo que despiertas ávida de un tórrido beso.

*Desaparece de la brújula que siempre te atrapa.
Aléjate de la vetusta efigie, para poder acercarme.
Para de perseguir el viento, para poder encontrarte.
Seduce a la diáfana falacia, para poder conocerte.*

*¿Como cambiar tu corazón si no quieres cambiarlo?
Vive, que no se muere cuando se está soñando.
Creo que ahora puedes respirar en mi hombro.
También caminar junto a mí, en un nuevo llanto.*

*Sé tú historia, porque la puedo entender en tu cara.
Tu corazón está cerrado, aunque lo sientas abierto.
No has escrito el epígrafe del esplendoroso destino.
Por ello sangras, albergando las pisadas del olvido.*

*No sé si soy la razón de un atisbo en tu invierno.
O la verdadera eclosión de un fascinante escalofrío.
Estoy hechizado por la estela de la incertidumbre.
Por saber ¿Porque no soy yo, el ladrón de tus besos?*

Pero sin duda, hoy es el mejor de los momentos.
Aunque existan estigmas, se puede mirar al cielo.
No importa si es un amanecer o un agrio obscurecer.
Ni tampoco, si es el desenlace de un amor hipotético.

Esperaré aquí la llegada del ángel del tiempo.
Hundido en el abismo perenne del sabio universo.
Con la esperanza de llegar, para robarle un beso.
y saber si ha llegado en él, un oculto silencio.

*Eres parte de mí, pues siempre estás en mi mente.
Pero hoy mi vida cambia, y ya no debo pretenderte.
Vivo en un sueño, del que no quisiera despertar.
Sabiendo que todo es una mentira y no una realidad.*

*Hoy sé que las mieles de tus labios, son agrias.
Desperdiciaste a un corazón frágil y trasparente.
Ignoraste a un alma pura, que sin reparo dañaste.
Hurtando la felicidad y sembrando en ella, pesares.*

*Ahora quiero que llegue a ti, el dolor del sentimiento.
Que tu corazón grite, implorando estar a mi lado.
Que anheles por un instante, apoyarte en mis brazos.
Y que temas el gravitar, en el vacío del desprecio.*

*Para mí, las tristezas son parte de mis hazañas.
Son mi última inspiración, para descubrir montañas.
Y aunque aún queden lágrimas y sufrimientos.
Hoy abrazo el dolor con amor, por un amor honesto.*

*Contigo he consumido mi corazón que tanto idolatra.
Por ti, llevaré un recuerdo, por la eternidad del tiempo.
Queda pendiente la verdad que caerá como un trueno.
Donde acertarás que no fui un loco, por amarte tanto.*

Pero... ¿Qué ves ahora, que ya no estás en mis ojos?
¿Dónde estas, que ya no te encuentro en mis sueños?
¿Cómo le mientes a tu corazón, con signos de aliento?
¿Porqué escribir mas palabras, mas letras y mas poemas?

Al final, tu amor duró largos años y durará toda la vida.
Pero ahora es diferente, que el oreo del alma es inerte.
A tu lado aprendí que el todo y el nada, no existen.
Mientras el humo de los recuerdos, vivirá por siempre.

Por ahora, es imposible expresar lo que en mi dejaste.
Por ahora, la misión de las palabras son insuficientes.
Por lo tanto, dejo esta última inspiración solo para mi.
Como también la realidad, de lo que un día soñamos.

He visto el edén, al ver su belleza.
Clavó el dardo en el centro del ansia.
Cada detalle, la delata ser perfecta.
Su delicadeza la acusa, ser una maestra.

Esa lindeza me ha flechado.
Tiene a mi corazón hechizado.
No podía imaginar tanto esplendor.
Es un capullo, que todo ha cautivado.

Me gusta la finura de su ser.
Esmero de primor y elegancia.
Engreída mujer, de larga arrogancia.
Ceporra, como una piedra preciosa.

¿A cuantos ojos seducen su cuerpo?
Usted, que es el vértigo del tiempo.
Azora con esa mueca coqueta.
Embriaga con su angelical sonrisa.

Quiero morder sus labios jugosos.
Saborear el antojo de sus besos.
Recorrer la delicadeza de su piel.
Y perderme en su fascinante encanto.

Soy un telele enmudecido por su aire.
Que podría ahorcarme en su filamento.
Siempre brilla en el infecundo garbo.
Encadenando la fantasía de lo incierto.

Soy yo, el gallardo y audaz caballero.
Provocado por su atracción desafiante.
Vengo al atraco siniestro de su amor.
Aunque por ello, me condene de muerte.

Sea el pródigo bálsamo de mí infinito.
Némesis de la caterva que la acosa.
Hoy me resigno a vivir de su efluvio.
Quedando a sus pies, mi gran señora.

Aquí es donde todo termina y todo comienza.
Alegrando alrededores de días inapetentes.
Conectando el presente a un corazón ausente.
Sonriendo, por lo que antes era mustio y triste.

Contigo sucumbe el vestigio de la historia.
Justo en la sinopsis de un decrépito tiempo.
Alumbras el porvenir del más sano recuerdo.
Aludiendo el pulsar, de un solemne universo.

Todo ha resurgido, pletórico y abundante.
Aureos días, que finalmente pueden exhibirse.
Hoy, hasta los secos arbustos sé han espigado.
como si también ellos, sé hubieran enamorado.

*Este es el párrafo que antes había escrito.
La inédita cruzada que mi corazón ha perseguido.
Sabiendo que mientras llegas, tendría tu efigie.
Sintiéndote tanto, como si estuvieras presente.*

*Ayer, pude contemplarte caminando a mí lado.
Hoy, sin estar, sigo viviendo en ti encadenado.
Te veo en mí mirar y te escucho en mí escuchar.
Te clamo en el silencio, de las promesas del mar.*

Porque todo mí ser, está rebosante de ti.
Sin condiciones, acarreando el amor que llevo.
Me encanta que seas el circulo de mi espacio.
Que tu rostro ilumine, la esperanza de me cielo.

Al frente de la regata, luce resplandeciente.
Aún la incertidumbre es una vena de aciertos.
Pareciera que ahora todo fuese un aliciente.
Un futuro pendiente, donde radica mí riqueza.

Tú, que eres el motivo del llegar del tiempo.
La clara razón, de que hay un para siempre.
Es a ti, a quien aguardo en espíritu y en cuerpo.
Para que no exista más en mí, ningún anhelo.

Mil Miradas
18

Por ti vivo en la profundidad de mil miradas.
¿Cómo ocultarlas, si no puedo disimularlas?
Eres el espíritu que contempla el espíritu.
Que ama la pureza, de una fe inmaculada.

Miradas que asoman en el edén del paraíso.
Que jamás podrán detener a un sentimiento.
Son pupilas que no esconden ningún secreto.
Son palabras, que llegan desde el silencio.

Al frente de la mirada esta la existencia.
Donde vive, el arrebato del más solemne beso.
En ella, se funden los deseos de los sueños.
Desenmascarando el éxtasis, del ufano cuerpo.

*Dime tú... ¿Cuál es el horizonte de mis ojos?
Si eres tú, el más bello mirar del universo.
Dímelo tú, que mi vivir es por estar ilusionado.
Sediento de ti, como del oasis del desierto.*

*Miradas que dicen que ya no somos extraños.
Que se escapan de un alma enamorada.
Esas, que viven en el semblante de tu cara.
Que sienten y gritan, por no ser más esclavas.*

Fervientes cobijan el despertar de una morada.
Porque ven el claro amanecer de un mañana.
Discretas, desnudan de manera despiadada.
Sorprendiendo al intenso eco de la distancia.

Mil miradas que viven en la pasión del tiempo.
Que nacen, y boyan, en la virginidad celeste.
Que mil miradas son suficientes para amarte.
Y una sola, para esclavizarme, eternamente.

No puedo dejar de verte, si existes en mi alma.
Solo deja refugiarme, en el esplendor indemne.
Ahora que, con una mirada, he probado tu amor.
Solo me queda el mirarte mil veces... Para vivir por siempre.

19

Las guaridas secretas del alma

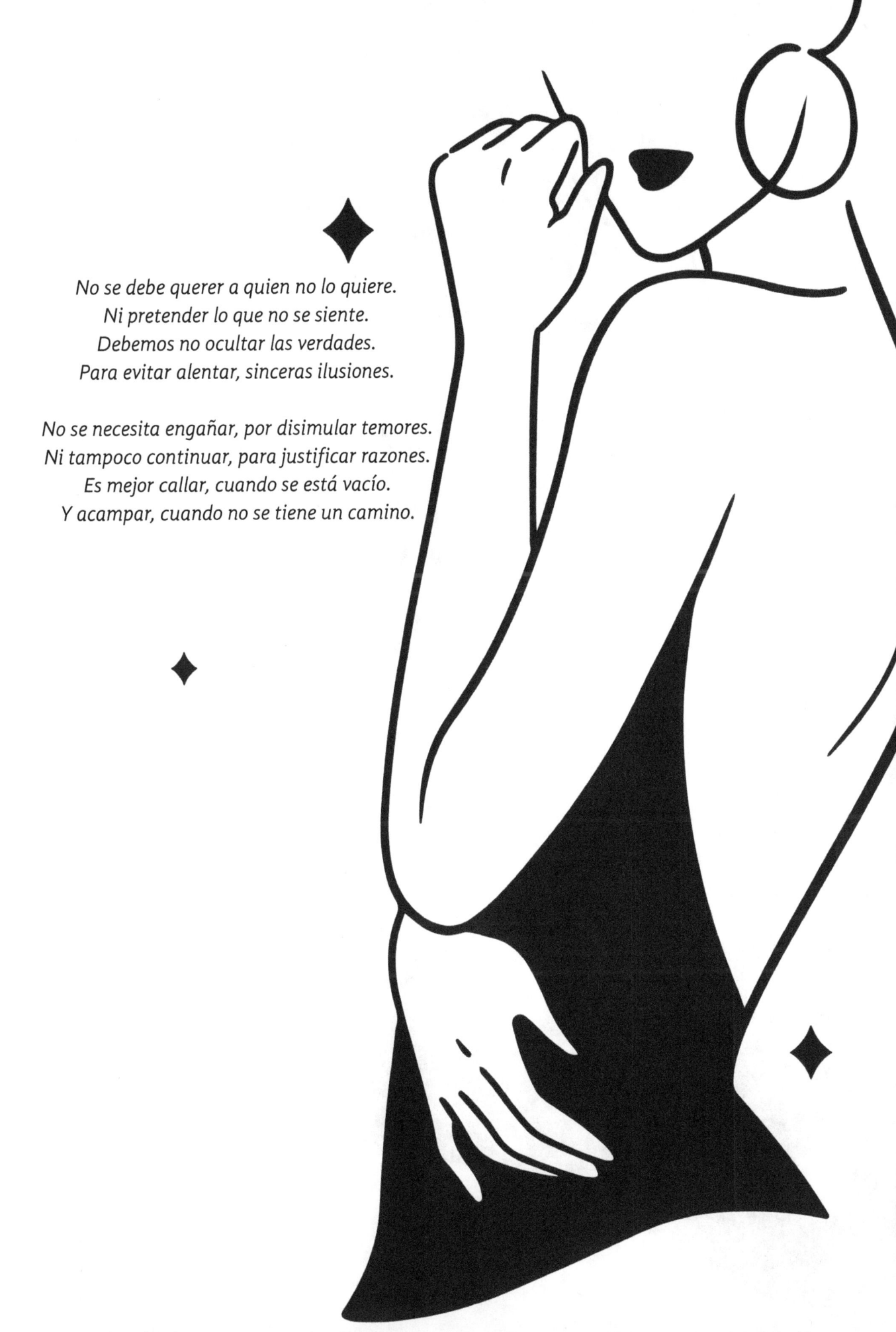

No se debe querer a quien no lo quiere.
Ni pretender lo que no se siente.
Debemos no ocultar las verdades.
Para evitar alentar, sinceras ilusiones.

No se necesita engañar, por disimular temores.
Ni tampoco continuar, para justificar razones.
Es mejor callar, cuando se está vacío.
Y acampar, cuando no se tiene un camino.

Jamás las mentiras dirán verdades.
Ni tampoco las palabras serán proezas.
Las acciones siempre serán realidades.
Como de las promesas, nacerán emociones.

A veces lo más seguro, se habrá esfumado.
Lo más cercano, es la distancia más lejana.
Los rumores, serán el mas agudo dolor.
Y los amaneceres, parcos oscureceres.

Hay palabras que ya no dicen nada.
Y mil silencios que tanto hablan.
Lo sincero y puro viene del alma.
Y lo mejor, siempre nace de la calma.

Un murmullo, siempre te enamora.
Descubre las guaridas secretas del alma.
La ilusión sé engendra en la esperanza.
Y a veces sé anida, en una larga demora.

Es mejor escuchar a la sabia conciencia.
Que el tiempo nunca para y descansa.
Lo que bruscamente, deslumbra e hipnotiza,
suele ser, un espejismo de la vehemencia.

Basta escuchar al genuino corazón,
mientras encuentre un lugar secreto.
Sin fingir la íntima lágrima de una sonrisa.
Pero viviendo, donde la eternidad perdure.

Eres el reflejo de lo que he querido.
Seguro el más grande que he tenido.
Pero tu desgana te ha detenido.
Y me ha dejado solo, tirado en el camino.

El aroma de tu perfume se ha esfumado.
La sonrisa del ángel se ha perdido.
El silencio de tus palabras ha llegado.
La sombra de mi ilusión, de nuevo aparecido.

El peligro de las preguntas ha florecido.
La sospecha de las respuestas, ha surgido.
Sé perdió dirección, sé perdió el sentido.
Y ahora los labios, son necios enemigos.

La indiferencia es la pared que nos divide.
Es la distancia que crece y nos aleja.
Triste existencia que hoy que empezamos.
Sea también el tiempo que naufragamos.

Ya de nada sirve que quiera tocarte.
¿Para qué? Si hoy parecieras inerte.
¿Para qué hablarte? Si no quieres oírme.
¿Para qué buscarte? Si quieres esconderte.

Por eso ¿Para qué decirte que te amo?
Si aún no estás en el fondo de un abismo.
¿Para qué decirte que te extraño?
Si lo que quiero, es que existas en el olvido.

Quizás tu vida sea mejor sin la mía.
Quizás te produzca, estragos de amargura.
Contigo aprendí, que aún los océanos se apartan.
Y que el más bello amor, a ti, no te hace falta.

Quisiera mejor no haberte conocido.
Que en mi futuro, nunca hubieras vivido.
¿Para qué? Si tu verdad, fue solo un espejismo.
Y tu amor, mi mas grande infortunio.

Solo quedaron las huellas del pasado.
Dias largos con profundas cicatrices.
Viviendo los vestigios de una mentira.
Refugiado en el castigo del abandono.

Pesadillas con marcas del vía crucis.
Sin encontrar bonanza en el presente.
Es mejor la obscuridad de una cobija.
Para que no hiera, el nimbo agobiante.

Degusto el sabor amargo de una secuela.
En el pasajero brillo de una recompensa.
Muero por llegar al final de la tragedia.
Alentado por los filos de la esperanza.

¿Cuánto dura la incesante incógnita?
¿Cuándo no habrá disfraces en la dicha?
Quiero entender la grima de un beso.
Y el buen aroma de los perfumes grises.

Solo soy un rehén del presente histórico.
Boyando en la gravedad de los recuerdos.
Quiero liberarme de la infame estampa.
Cerrando los ojos a los incesantes golpes.

Este es un evidente romance con la muerte.
Donde solo existe un aparente consuelo.
Descalzo en la andanza de lo desconocido.
Pasajero de las maldades de la distancia.

Sabes que vives en la luz de mi presencia.
Atiborrado de la verdad y del embuste.
No hay dolor por la soledad de los azotes.
Si no por ser prenda, de la mácula siniestra.

Hoy soy un popurrí de lo que nunca he hecho.
Sabiendo el valor de cumplir una promesa.
Vivo la vida seglar, aunque nadie me espera.
Prisionero en el secreto, de que ya no existo.

22
Eres un momento exacto

Puedo sentir el hipnotizo de las memorias.
La mente ausente por los radiantes momentos.
Viajo a la intensidad de los fervientes besos.
Perdido en el desierto de tus candentes brazos.

Llega a mi la historia de esos días de suerte.
Implorando al espíritu para desprender el tiempo.
Durmiendo en la obscuridad del asido silencio.
Ante la tempestuosa lluvia del inesperado llanto.

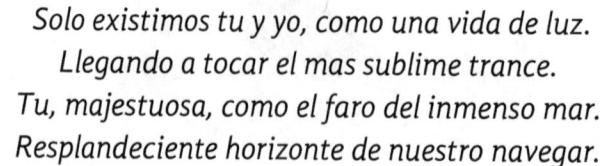

Solo existimos tu y yo, como una vida de luz.
Llegando a tocar el mas sublime trance.
Tu, majestuosa, como el faro del inmenso mar.
Resplandeciente horizonte de nuestro navegar.

Ahora la vida es eterna porque vivo en ella.
Ahora corre rápida en la mas bella añoranza.
Vive cargada de vientos, admirada por los vuelos.
Vive, llena de la claridad de inmensos misterios.

Tu amor es sabio y hace ricas las historias.
Es paciente y camina cavando despertares.
Escucha que nuestras noches serán eternas.
En la caldera de tu cuerpo, con ardientes fuegos.

Es que tu eres todo lo inexplicable del tiempo.
Como el canto del pájaro, encomiando querubines.
Inclusive el suspiro de la mañana que empieza,
retumba en el alma, cuando no estas y le faltas.

Solo contigo se vive el éxtasis de los mejores días.
Tu sola presencia, es la felicidad del mismo viento.
Que aunque siempre pase, a tu lado se detiene.
Porque eres el amor, que no pasa siempre.

Un hermoso ayer que fraguó un lejano brillante.
Una verdad, que rebasa, una completa existencia.
En donde solo existen mil años más por despertar.
En donde es inevitable vivir, el momento exacto.

El rápido pasar de las horas ha agonizado.
Ansío adelantar el reloj, para apresurar el tiempo.
Descifrar el mañana, que tributa el lucirte.
Con gusto cambiaría la espera, para contemplarte.

Ayer te he visto salir de las foscas sombras.
Apareciste como un ángel, divino y radiante.
Solo con verte, sentí tocar la cresta del cielo.
Solo con sentirte, pude flotar por los suelos.

Fíjate en mí, que te estoy contemplando.
Date cuenta que eres la centella de mi alma.
El vital aire que necesito respirar por siempre.
El eterno y sublime sueño, que he llevado dentro.

Solo déjame continuar admirándote.
No importa si pasas cerca o pasas distante.
Que soy feliz pisando en donde tu pisas.
Viviendo la sensación, que te acaricio en tus pasos.

Quiero siempre cruzarme en tu camino.
Encontrarme en el paraíso de mis deseos.
Vivir en el Delirio cuando te acercas.
Aunque muera en la ilusión, cuando veo que te alejas.

Hoy me conformo con verte desde lejos.
Que mi corazón sienta los alrededores de tu mundo.
Desde aquí, admirar tu impoluta silueta.
Embelesado por la seducción de tu encanto.

¿Acaso no notas, que lo que quiero es hablarte?
¿Acaso no sientes, que lo que quiero es amarte?
Fíjate que estoy aquí aunque no lo adviertas.
Atento a la expectativa, de tu más leve mueca.

Déjame ser el hincha aledaño, para oler tu fragancia.
Llevarla conmigo, como si fueras tu.
Y aunque los días pasen lentos, sean una trova alegre.
Sabiendo que mañana, volveré a verte.

24
ME HA SIDO FÁCIL AMARTE

¿Dónde estas, que te veo por todos lados?
Y es que aún hasta ahora te sigo extrañando.
Te amé en el principio, y aún te sigo amando.
No se como puedo sin ti, continuar existiendo.

Hoy me pregunto porque no estas aquí.
Cuando sé que te puedo amar eternamente.
Amarga la ansiedad que estés lejos de mi.
Y el corazón me grita, que te siga buscando.

¡Espera! No camines para un lado diferente,
que con cada paso, me sacude un tormento.
¡Para! Que te alejas y no puedo alcanzarte.
Mira que estoy loco y mi piel necesita rozarte.

Que un momento me basto para enamorarme,
y el dolor de la verdad, puso todo descubierto.
Con un instante pudiste borrar todo el tiempo.
Pero ni con la muerte, perecerá el sentimiento.

Cada momento me ha servido para amarte mas.
Para saber que aún no estando, estas mas cerca.
Ahora puedo verte en mi vida, por siempre.
Aunque sepa que en ti, ya todo es muy diferente.

Me enamoré de ti, porque me dejaste tocarte.
Y te amo, porque me ha sido fácil amarte.
Existe el dolor, porque no puedo olvidarte.
Sigues adentro, porque no puedo sacarte.

Te llevaste el gran milagro de mi vida.
Se fueron también los juegos y las sonrisas.
Hoy ya no siento las mordidas, ni los sueños.
Si no estacas clavadas, por todo mi cuerpo.

Solo quiero dormir para revivir esos tiempos.
Sentir nuevamente tus caricias y tus besos.
Pero nada esta bien, porque ya no existes.
Y aunque te toque, se que tu ya te fuiste.

SIN *Promesas*

25

Ahora recuerdo que tu nunca nada prometiste.
Imitaste los latidos del corazón que fueron crédulos.
Que jamas te comprometiste y que nada dijiste.
Ceñida al epílogo del día, que al final pudo liberarte.

Por eso no hay en ti, dudas ni infieles momentos.
Sino el deceso del esbozo de una promesa.
Existe en ti el augurio plagado de ilustres caminos.
Con la única bendición de llorar, porque sonríes.

*Sabes que no hay voces, donde se derrama la aleluya.
Ni en la enmudecida ilusión de tu albúmina esperanza.
Sin promesas, has escuchado el clamor del alma.
Callada, con la evidencia del colofón de tu mirada.*

*Se escriben pergaminos, con el esplendor de tus besos.
En ti, se ve el final de tus ojos, por todos los confines.
Sin promesas, viviendo hoy, el sueño bravío del ayer.
Pero ya no existe, la imaginación del mundo perfecto.*

*Cultivaste un corazón para ser adorado por siempre.
Apoteósica señora, de las mas arduas pruebas del alma.
Hoy en ti ya nada importa, porque ya todo alcanzaste.
Certera de que hasta a la misma humanidad, asombraste.*

*Sin promesas, eres la maravillosa hembra del universo.
Lazarillo monumental de la inspiración del tiempo.
Ahí mismo, incluso las obras de arte, son insuficientes.
Porque las mojadas caricias, dejan todo al descubierto.*

Tu fascinación ha hechizado, a las brillantes estrellas.
Mientras que el deseo es tanto, que arde en llamas.
Sin promesas, existe el futuro en un simple abrazo.
Donde todo sientes, pero jamás el temor del fracaso.

Gestas el amor mas apasionado, salvaje y desafiante.
Tan inmenso, como el agua que cubre los océanos.
Que sin promesas, has podido cambiar cada suspiro.
Serena en la sortija del amor, que honrarás siempre.

Aquí se refugia el albor del final.
Aquí emerge el amén del umbral.
Todo nace, todo fallece.
Nada tienes, porque nada existe.

No hay lunas, ni estrellas, ni soles.
Solo el tic-tac de las manecillas.
Verdades frías, realidades crueles.
Largos silencios, largos sermones.

Sofocado por el énfasis de la esperanza.
Disfrazado por la esencia del coraje.
Descubres que la distancia es tan corta.
Y que la suavidad de las rosas, son rocas.

Ahora, no hay misterio, ni hay destino.
Siendo un espécimen de un fantasma.
Sumido en el abismo del pensamiento.
Solo, ni aún digno reflejo del espejo.

La verdad es la mas profunda angustia.
Desnuda, como un traslúcido esqueleto.
Reconstruyendo el tiempo en el calendario.
Dejando siluetas de un fúnebre encanto.

Sin respirar contemplando el infinito.
Buscando una palabra en el firmamento.
Flaqueo por encontrar una respuesta.
Y nuevamente, deambulo en el desierto.

Aun la aurora tarda y no se asoma.
Mientras las sombras son mi acomodo.
¿Cuando seré libre de este tormento?
¿Cuando podre romper esta condena?

Pero aunque me encuentre en la soledad.
Desde aquí sigo, la pasión de mis sueños.
Sin sentir, ni pensar. Sin temor, ni voltear.
*Que desde aquí solo, el **futuro** puedo tocar.*

Ya estoy caminando otra ves, abordo del tren del amor.
Solo te espero para partir, confío en que pronto llegarás.
Voy a alejarme del precipicio, donde solo existe tu ausencia.
Ahí he muerto y resucitado con la mas grande esperanza.

Voy a donde no halla obscuridad, ni una luz que martirice.
Libre de largas treguas y despidiendo promesas simples.
No importa si ya no duermo, quiero verte cuando llegues.
Para empezar la proeza, donde el perdón y el amor existen.

Toma el más bello tren y acomoda tu vida al lado de la mía.
Aledaño, nos espera un destino desconocido pero perfecto.
Es nuestra epopeya para estar juntos, por el eterno tiempo.
Legando sentido pletórico de amor, a la historia del universo.

Este es el más bello tren para transitar cualquier helada.
Para dejar atrás el tizne, que desaparece en los duros rieles.
Por que llevo el dolor del amor y busco el refugio del alma.
Y a tu lado, nada duele, todo existe; y sin ti, no existe nada.

Guardo el vestigio que vendrás para darte mi vida entera.
Para sanar la sangre de tus heridas y amarte sin barreras.
Por que tu ya no eres un cuadro, si no mi mas grande poema.
Por ello, esperaré por ti, como nuestro edén, nos aguarda.

*Amanece y anochece, y aquí sigo en el más bello tren del amor.
Con asiento reservado a nombre de mi solemne princesa.
Deja las maletas que en mi corazón llevo suficiente equipaje.
Para vivir el eterno secreto de la felicidad, que tanto me arde.*

*Ven a vivir sin miedo, donde la imaginación no es un sueño.
Sin recordar, sin olvidar. Solos, en la inmensidad del cielo.
Deja ganarme tu amor en cada despertar, con cada mirada.
Y enseñarte en cada latido del corazón, la razón del tiempo.*

*Confía en el claro horizonte, donde no hay una moneda vacía.
No es un rápido olvido, pero estoy para ganarme cada suspiro.
Aunque aún se sientan los fríos aires, como amuleto, te necesito.
Viajemos juntos, que te amo, por ser mi mas hermoso futuro.*

Olvidé arañarte y desprender tu piel con mis caricias.
Marcar una ruta en tu cuerpo, para que un día regreses.
Olvidé morder tus encantos, hasta dejar cicatrices.
Tatuar mi vida en la tuya, para que la lleves siempre.

Olvidé decirte que hay cosas buenas y también malas.
Que hay nubes azules, pero también las hay negras.
Que el amor es el inextinguible camino al firmamento.
Que el tiempo pasa, se acaba, pero también es eterno.

Olvidé que la velocidad de la luz, es lenta en tu huida.
Que aunque ardas de amor, corres en dirección opuesta.
Olvide que te acobardas, te abandonas y fácil renuncias.
Que te sumerges en el mar, sin ni siquiera hacer burbujas.

Olvidé que no luchas, cuando el mundo esta en tu contra.
Olvidé que le finges al amor, por complacer a tanta gente.
Que te engañas a ti misma, para simular remordimientos.
Que quedas en el camino, aunque después te arrepientas.

Olvidé que solo ves lo que ves, y nada, si los ojos cierras.
Olvide que temes imaginar, lo que en tu vida no fraguas.
Olvidé que en ti no hay lagrimas, ni milagros, ni pecados.
Olvide que no debía amarte, porque no haces raíces.

Olvidé que eres especial, pero también para olvidar.
Olvidé que en ti no hay historias, mucho menos memorias.
Olvidé que eres dama de hierro, pero fundida en el odio.
Que tu amor es del corazón, pero amas con el orgullo.

Olvidé que mientes, para aliviar culpas y sentir fortaleza.
Que tu amor siempre caduca, al principio de la bonanza.
Que para ti amarnos, es el equivalente al haberte amado.
Olvide que tu eres mi hembra, pero yo no soy tu macho.

Olvidé besarte mas, hasta con mis besos sangrarte.
Olvide tener miedo de perderte, por eso te perdiste.
Recordarte que para el amor, las oportunidades existen.
Para nunca volver a decir adíos, por el resto del tiempo.

YO SOY A QUIEN TU AMAS ○ YO SOY A QUIEN TU AMAS ○ YO SOY A QUIEN TU AMAS ○ YO SOY A QUIEN TU AMAS ○ YO SOY A QUIEN TU AMAS ○ YO SOY

AMAS ○ YO SOY A QUIEN TU AMAS ○ YO SOY A QUIEN TU AMAS ○ YO SOY A QUIEN TU AMAS ○ YO SOY A QU

...SOY A QUIEN TU AMAS ○ YO SOY A QUIEN TU AMAS ○ YO SOY A QUIEN TU AMAS ○ YO SOY A QUIEN TU AMAS ○ YO SOY A...

MAS ○ YO SOY A QUIEN TU AMAS ○ YO SOY A QUIEN TU AMAS ○ YO SOY A QUIEN TU AMAS ○ YO SOY A QUIEN TU AMAS ○

LA OPORTUNIDAD DEL CIELO

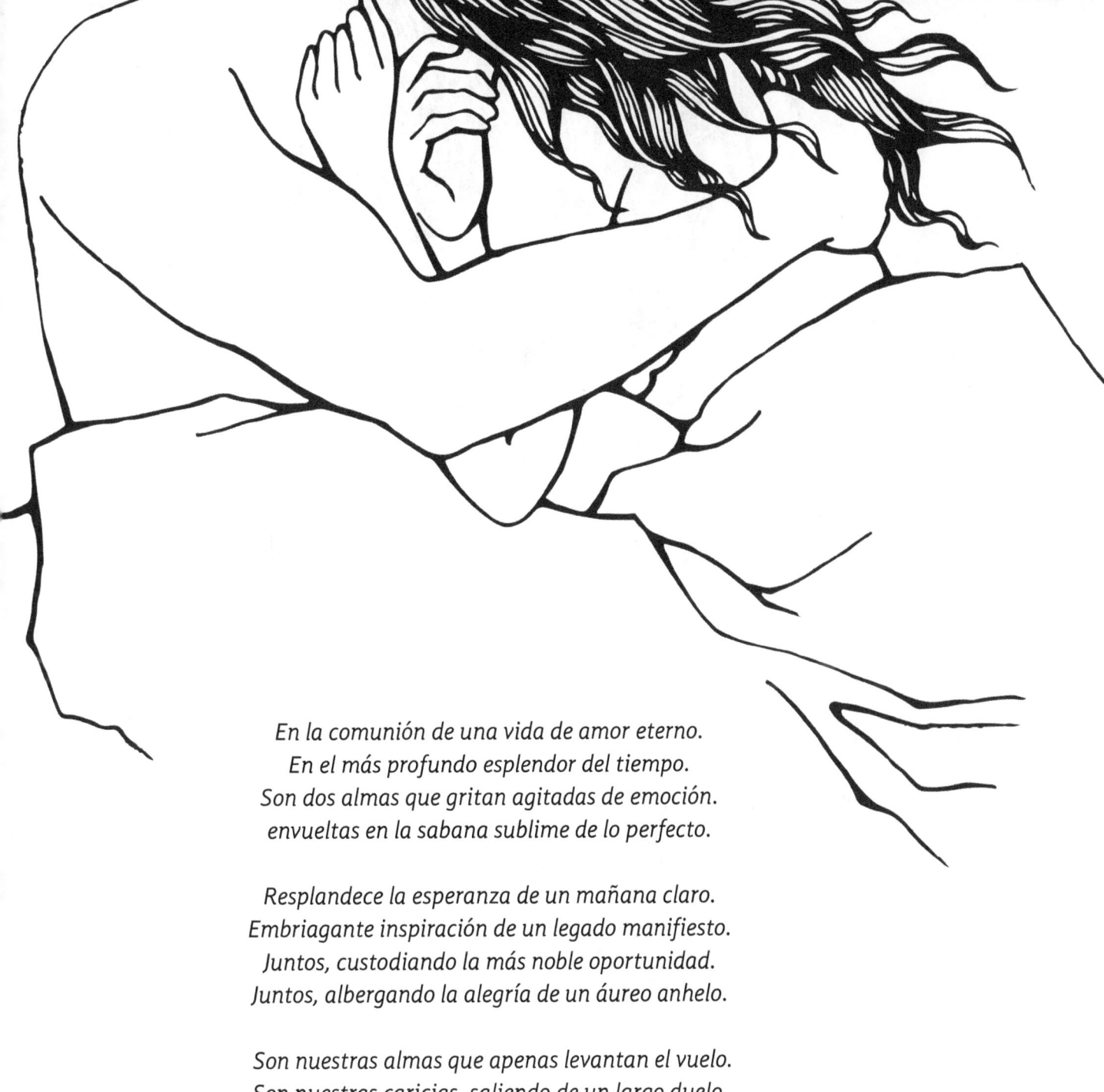

En la comunión de una vida de amor eterno.
En el más profundo esplendor del tiempo.
Son dos almas que gritan agitadas de emoción.
envueltas en la sabana sublime de lo perfecto.

Resplandece la esperanza de un mañana claro.
Embriagante inspiración de un legado manifiesto.
Juntos, custodiando la más noble oportunidad.
Juntos, albergando la alegría de un áureo anhelo.

Son nuestras almas que apenas levantan el vuelo.
Son nuestras caricias, saliendo de un largo duelo.
Ansiosas y sedientas, por el agua fresca del molino.
Desbordando la impetuosa canícula del consuelo.

Divinidad del amor que es tolerancia y tortura.
La más grande felicidad y la más grande dolencia.
Nuestro amor puro, en una lucha bravía y desafiante.
Somos tu y yo, en el umbral de un juicio triunfante.

Hoy caminamos los años endémicos de la entereza.
Aún deambulando la isla de la vacilante suspicacia.
Implorando lo correcto pero inciertos en la ausencia.
Anhelando una oportunidad, desde las entrañas del cielo.

Sigo en la espera del regalo de la princesa más hermosa.
Y del beneficio divino, de vivir con ella, por lo eterno.
Porque esta es la oportunidad de que hoy huya el fantasma.
Y de saber que la oscuridad termina, y la claridad empieza.

Este es el éxtasis purificado por el resto de los días.
Ha aliviado el clamor del alma, con una grata sonrisa.
Es el apellido del futuro y la verdad que nos llega.
Es la galería que guarda, la más brillante bonanza.

Bienvenida oportunidad como la maravilla del cielo.
Ahí en la intimidad, del cosmos al que pertenecemos.
Dogma exquisita, erecta por el capullo de los dedos.
Para que el amor viva siempre, en el amén de los sueños.

Muero en el gélido húmedo silencio.
Me transformo en diminutos fragmentos.
Intento armar este arduo rompecabezas.
Pero al final, nada, nada encuentro.

Han sido disparates repletos de amor.
A los que yo he estado expuesto.
De ahí procuro ignorar los malos recuerdos.
Para alejarme de la tristeza y del llanto.

Ya no quiero ser una idea diferente.
Quiero sentarme tranquilo en la hamaca.
Quiero dejar de caminar en círculos.
Estando apartado, y estando cerca.

Aunque soy un apasionado del vivir.
Me encaminé para empeorar mi vida.
Hoy soy el testamento del romanticismo.
Muerto de amor, en un contraste irónico.

Ahora solo te veo pasar frente a mi puerta.
¿Acaso mi mundo es como ningún otro?
¿Quién te va a besar después de mi?
Pero todo se acaba, y tanto lo siento.

He quedado marcado para toda la vida.
Me arrancaste el corazón con tus manos.
Llévate contigo las tantas palabras que trajiste.
Y deja mis sueños, que sólo a mi pertenecen.

Se que ahora todo va a ser difícil.
Pero será mejor empezar a olvidar tus besos.
Fingiré gozar, como si estuviera hueco.
Sin mostrar el dolor que llevo dentro.

Tú y yo somos la verdad que ya no existe.
Que solo pasó lenta por el firmamento.
De la que solo quedaron hojas secas.
Una historia que jamas hizo, auténticas raíces.

31 EN EL MISMO LUGAR

Me he quedado en el mismo lugar que me dejaste.
Ojalá algún día decidas regresar y me encuentres.
También he puesto señales para que me localices.
Sigo en donde todo se perdió y todo acabaste.

Este es el lugar que he escogido para morir.
El único lugar en donde los bellas memorias existen.
Aquí puedo sentir tantas caricias de tantos recuerdos.
Aquí cada día vivo y me enamoro. Cada día padezco.

El tiempo ya me ha hecho desfallecer muchas veces.
Pasan las horas, nuevos días, siendo larga la espera.
¿Cómo parar mi cabeza de dar vueltas? ¿Cómo?
Cuando solo queda un segundo para que regreses.

También la certeza de que muero, ha desaparecido.
Entiendo que a veces el adiós no es para siempre.
Más, cuando un corazón completo se ha marcado.
Vive, sonríe, añora y sigue sin haber desvanecido.

Quizás me falta amor para ver el renacer de mi alma.
Pero no se que contestarle al corazón cuando pregunta.
El problema es que yo no sé cómo vivir sin ti a mi lado.
Ni como morir sin ti, aquí en este lugar, solo y extraviado.

Duele la ausencia, por que no estés aquí conmigo.
Se me parte el alma saber que estoy aquí, como desvalido.
Solo esperando, por escuchar de nuevo tu bullicio.
Viendo el tiempo que llegue, para vivir lo que vivimos.

SEDUCTORA Adicción

32

Puedo imaginar todo, pero nada que no seas tu.
Sin ti a mi lado, no necesito la alegría de una vida.
Tú, que has despertado en mi, la ilusión y la fantasía.
Como sin ti, el mismo abandono y la misma apatía.

Porque ahora eres lo único, que pasa por mi mente.
Quedando un nada atrás, quedando un todo al frente.
Yendo de ida y vuelta, sin haber un solo espacio.
Soñando con el universo del amor, que en ti es cierto.

Es que soy un atrevido corazón, sin tener secretos.
Pensando solo en ti, después de esperar tanto tiempo.
Sintiendo el no querer perder algo, que aun no tengo.
Aceptando que en ti, se ha fugado todo mi sentimiento.

Pero no temas, por ser tu mi bella seductora adicción.
Entiende que llegaste para robar una albúmina mirada.
Dejando el más profundo vacío, de un mundo legítimo.
Llevándote mi aire y plasmando tu huella, con un gesto.

Siento la pisada de tu sombra, dentro de mi existencia.
Sabiendo que tengo la espada de tu amor en mi pecho.
Asfixiado pero no loco, en la pared de la incertidumbre.
Al borde de las profundas aguas, del inmenso abismo.

¿Cómo decirte que tú eres, todo lo que yo necesito?
¿Cuántas letras, para saber que es a ti, a quien escribo?
¿Cuántas palabras necesitas para que me escuches?
¿Cuántos suspiros más, para que sepas que existo?

Contempla a tu corazón, para encontrar el éter celeste.
Siente también, el sopor del frío, apoderarse de tu ente.
Escucha la promesa, que no existirá un día que estés sola.
Y aunque todo cambie, tu serás siempre lo que hoy siento.

Quiero llegar a ti, porque se que eres mi real marquesa.
Porque sé que contigo, no necesito ningún otro futuro.
Ni dormir para haber soñado, ni sonreír para haber vivido.
Te quiero a mi lado, para que el mañana, sea siempre mío.

33
El lugar que solo tú y yo conocemos

Este es el lugar que solo tu y yo conocemos.
Es aquí, en donde los besos rompen el silencio.
Donde todo esta cerca y aún el todo, más se acerca.
El lugar donde la obscuridad, acaricia las caricias.

Aquí se descubre el canto, donde no existen bordes.
Es el rincón, donde el corazón clama sus verdades.
Donde se abren caminos, para erguir el eterno vuelo.
Donde ni los mismos suspiros, se fugan del cuerpo.

Este es el paraje que nadie ve, porque para nadie existe.
Donde el espíritu del espíritu, ha quedado al descubierto.
Gimiendo al unísono de volcanes con ardientes lavas.
Y cenagales de lagrimas, vaciadas desde las entrañas.

Este es el lugar en donde la luna atestigua la reyerta.
El galano e inmortal mote de la mas recóndita dicha.
Donde se ha consumando la vehemencia del alma.
Y amamantado el ansia, de vivir el endémico sosiego.

Este es el lugar, que penetra la cúspide del sentimiento.
Donde se transforma el deseo, en el edén del universo.
Aquí, aún las siluetas de las sombras, revelan su nombre.
La reserva del misterio desaparece, y ya nada, se esconde.

*Quiero permanecer aquí, en este lugar sublime por siempre.
Presionado junto a ti, para mesurar cada espacio de tu talle.
Enloqueciendo en el frenesí de cada movimiento.
Barruntando el éxtasis de la linfa, cuando mana por dentro.*

*Este será por siempre el lugar que solo nosotros conocemos.
El lugar que ha eclipsado el pasado y adoctrinado el presente.
Aquí se ha desnudado la pasión, para nimbar en el mañana.
Sometido sin temor, en el estrujar de la poesía de tu encanto.*

*Este es el lugar en donde se inmortalizan los recuerdos.
Donde se seduce a la intimidad, con un sentimiento pulcro.
Aquí nos conocimos, como vestigio de la claridad de la noche.
Siendo el secreto, que tú y yo llevaremos, hasta la muerte.*

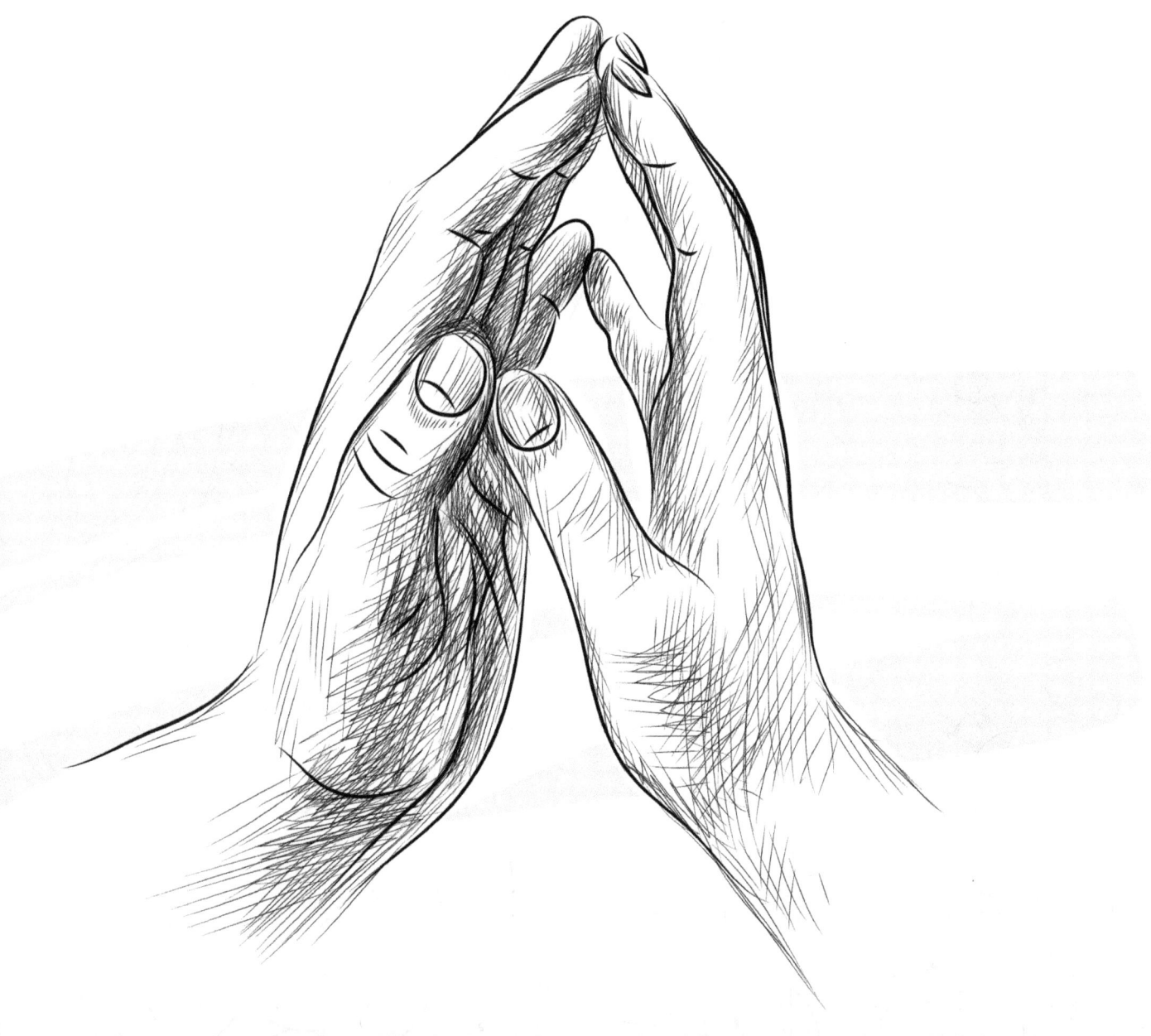

*Eres el paraíso en donde descansa mi vida entera.
El sentimiento que domina y traspasa mi frontera.
Tú, creada para ser la mujer más hermosa de la tierra.
Tú, que trae consigo la felicidad que mi alma espera.*

*Eres la distracción más fascinante de mi corazón.
El mejor día de mi vida que cada segundo sorprende.
Eres mi camino y mi caminar, mi rumbo y mi sentido.
Mi sueño, mi esperanza y mi más grande anhelo.*

Estoy perdidamente sumergido en el abismo de tu amor.
Que no quiero vivir un instante más sin tu presencia.
Tengo miedo perderte, por ser mi radiante princesa.
Tengo miedo a que todo brille y se esfume de repente.

Ya no quiero ser un forastero cometa en la existencia.
Vivo la ansiedad de tener en ti, el más idílico cobijo.
En el cántico de agradecimiento por la fe del corazón.
Por nunca más seguir siendo, un solitario en órbita.

Parece que te he abandonado en el silencio del olvido.
Cuando te llevo presente en cada uno de mis suspiros.
Confiado que pronto estarás inmovilizada en mis brazos.
Sofocada en la intensidad del más apasionado murmullo.

Porque, así como soy un hombre que se enamora.
Tu eres, una mujer, para amarla durante la vida entera.
Sé que tu corazón rebosante de bondad, me conviene.
Por ello, ansioso espero, el gran día de nuestra boda.

Solo siente que el tiempo es real cuando se acerca.
Vale la pena esperar cuando el corazón te dice, espera.
No hay nada como amar, cuando el corazón se enamora.
Creer en lo que crees, porque en un amanecer, todo llega.

Cree, que algún día las fantasías se vuelven realidad.
Cree que sin esperarlo, un día llegan y te sorprenderán.
Cree, que estoy contigo, aunque sientas que no lo esté.
Como los arboles crecen, sin que los puedas ver.

LA SOMBRA DEL TIEMPO

35

Eres un sentimiento inmenso que empuja el adentro.
Me basta cerrar los ojos, para poder reconocerte.
Porque ni la oscuridad puede impedir que te vea.
Juicioso sin temor, en el nacimiento de la esperanza.

Eres la sombra del viento, que mora en una mirada.
Corriente de las aguas, que arrasan con las tinieblas.
Ahora que la soledad ha sido la manceba cortesana.
Emerges homogénea, a la extinción de todas las penas.

En ti reside el artífice de la ilusión que se enciende.
Acogiendo los intensos fríos y los febriles esclarecieres.
Como luminaria de los enigmáticos foscos caminos.
Al rescate, donde ha permanecido sepultado el destino.

Tu solamente puedes ser parte de los propios planes.
Implorando tu sublime presencia se quede por siempre.
Porque ahora que te encuentras ya no puedes perderte.
Porque yo no existo, ni nada existe, si tu no existes.

Hay pocas explicaciones para decirte, que siento tanto.
Solo sé que es bello que estés profundamente adentro.
Tu eres el géiser de donde emana un claro sentimiento.
El germen que fecunda y me hace ser, el hombre perfecto.

De igual manera que las nubes se unen en las tormentas.
Llega el florecer de primaveras en las que veré tu sonrisa.
Entonces se iluminará por completo la sombra del tiempo.
Para que en el colofón, resplandezca el nuevo horizonte.

*Se que con los rayos del sol, puedo amarte eternamente.
Sin juramentos, ni promesas. Sin augurios, ni presagios.
Sin explicación. Sino sumergido en la inmensidad del amor.
Seducido por tus besos, en la filantropía de cada momento.*

*Ven ahora conmigo, para adueñarnos del espacio oculto.
Vamos a erigir la historia de ayer, que perdure por siempre.
Deja plasmar el mas grande vestigio de amor, en tu corazón.
Dejame también yacer contigo, en la sombra del tiempo.*

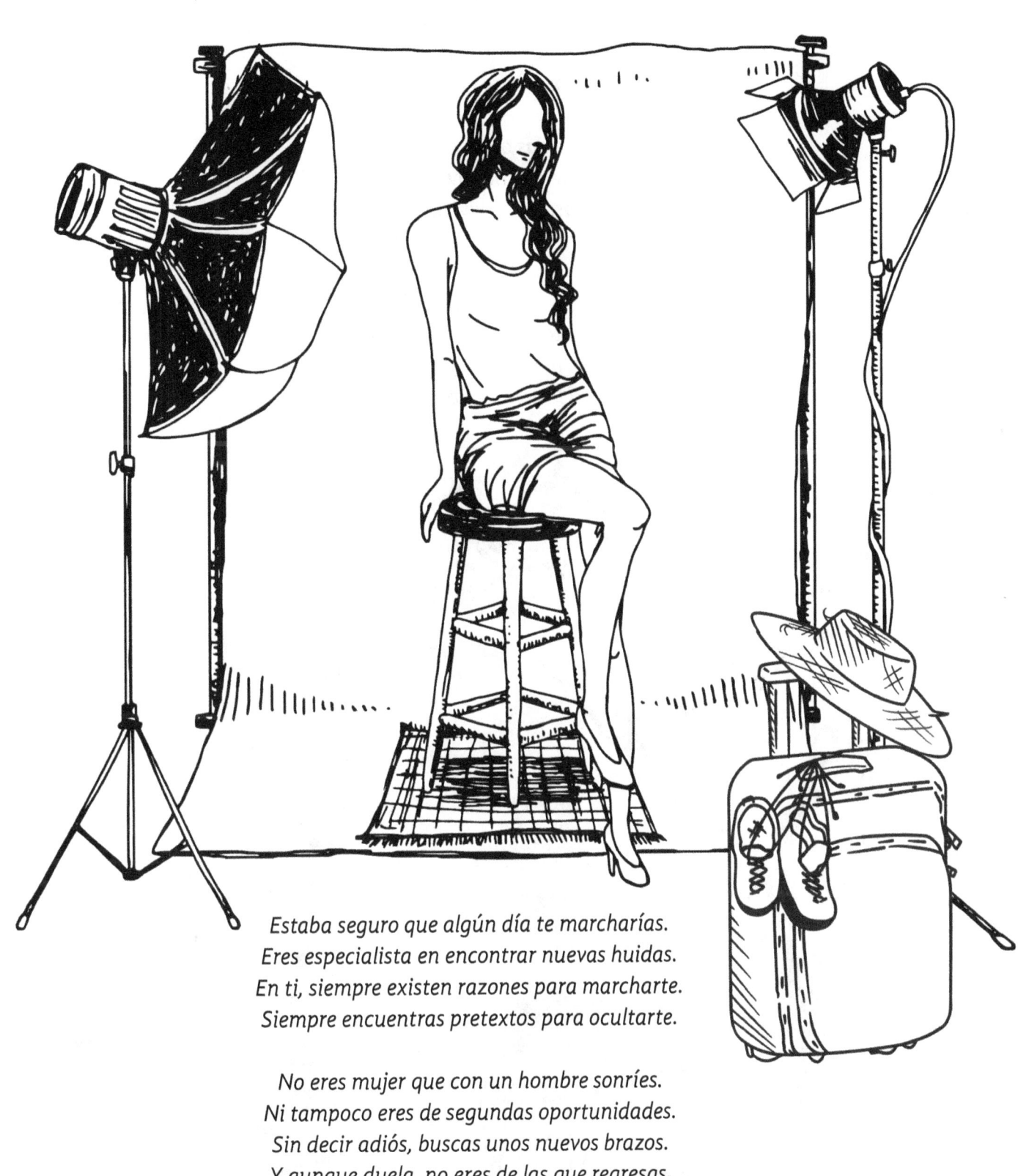

*Estaba seguro que algún día te marcharías.
Eres especialista en encontrar nuevas huidas.
En ti, siempre existen razones para marcharte.
Siempre encuentras pretextos para ocultarte.*

*No eres mujer que con un hombre sonríes.
Ni tampoco eres de segundas oportunidades.
Sin decir adiós, buscas unos nuevos brazos.
Y aunque duela, no eres de las que regresas.*

Te engañas, pero no engañas a tu alma.
Tu honestidad, es la falsedad más sincera.
Vives sanando lágrimas que dejas en tu vida.
Donde todo pasa, pero donde nada cambia.

Poco a poco, te das cuenta que ya no existo.
Tu cuerpo sabe que no soy yo el que lo toca.
Ahora, todo pasa en ti, viviendo un tormento.
Sabiendo que ni un robot habrá, que me supla.

Hoy solo sientes las reclamos de tus labios.
Tu felicidad existe, en las lágrimas del disimulo.
Hay esperanza, pero nada bonito se deslumbra.
Solo deambula la verdad, como una incógnita.

*Convertiste los días secos, en jornadas lluviosas.
Dividida en el dolor y la soledad que te marchita.
Transformaste las mañanas, en largos desvelos.
Y las noches oscuras, en eternos llantos negros.*

*Estas donde todo pasa, pero nada cambia.
Donde los viajes del alma, ni siquiera principian.
No eres una pasajera, ni tampoco una invitada.
En medio de la oscuridad, de una clara esencia.*

*Se fueron los besos, se fueron las caricias.
Sigues escuchando palabras que ya no existen.
Solo ve que todo pasa, y que todo cambia.
Y que tu corazón fallece, porque no lo escuchas.*

CORAZÓN ERRANTE

37

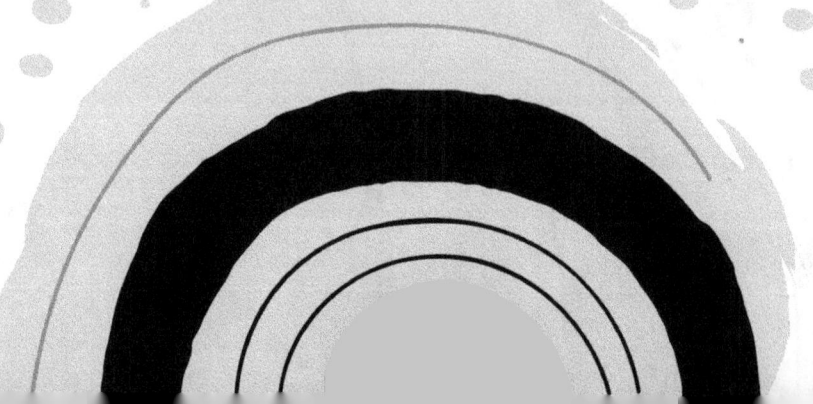

He sido un corazón errante que ha ponderado tu nombre.
Te he soñado. Te he imaginado. Y ahora, te siento cerca.
Eres la voluntad de dios y de mi fe que te ha percibido.
Eres tú, divino ángel, que hasta en el cielo te he buscado.

Solo alguien como tu, podría manar de un lugar sublime.
Sin duda alguna, has sido el más emocionante camino.
El testimonio del mundo que aun no ha sido revelado.
Folio de las entrañas, que se abandonan en el desnudo.

Emerges cual épica certeza, irrumpiendo en el alma.
Vorágine corazón, que fenece en la intimidad de tu seno.
Sabes, que el anhelar de las palabras, está en tu amor.
Aún titubeante podría saber, que eres mi eterna diosa.

¿Cuánto vale el ánima, sin el amor que lleva dentro?
Tu fortuna es la virginidad, que se acuña en tu existencia.
Por ello, ya no caminaré más sin ti, humilde vampiresa.
Te espero como fiel siervo, tiranizado por tu grandeza.

Somos la rica receta para fusionar nuestros cuerpos.
Tu en mi y yo en ti, enriqueciendo el futuro del universo.
Solo dejemos que cumpla la misión el correr del viento.
Y que fenezca la amargura, en el deambular del tiempo.

Ahora mi suspirar se ha quedado en el espacio de tu orbe.
Cada mañana es diferente, y tu has hecho la diferencia.
Ansío el día, que veamos el horizonte con un solo mirar.
Avido de extraviarnos en la eternidad, del seductor paisaje.

Nos pertenecemos con lágrimas convertidas en sonrisas.
Y aunque los océanos han sido profundos e inmensos.
Me sumergí en ellos, porque quise ahogarme en tus besos.
Siendo mi gran amor, y dejar de ser, un corazón vagabundo.

Es ahora que clamo que ya puedo confrontar a mi corazón errante.
Que contigo aquí, no soy más errático y nómada de tu presencia.
Acepto quien soy, porque tu estarás conmigo, por siempre.
Sin voltear, sin regresar, solo siendo, sedentario de tu dicha.

38
Déjame verte

Te veo porque no puedo dejar de verte.
Porque la distancia en una mirada, no existe.
Te veo en cada mañana, reflejada en mi alma.
Porque perteneces al espacio de mis ojos.

Tu eres la única razón, por la que estoy viendo.
No importa si me ves, o solo aparentas verme.
Que al verte, puedo imaginarte en el tiempo.
Saber que existes, en el caminar de mis pasos.

Déjame llenar tu corazón con dos luceros.
Refléjate en mis pupilas, para ojear tus encantos.
Siempre voltear a ti, para seguir embrujado.
Llenar mi vida, pues eres, lo único que me ha faltado.

No cierres tus ojos, solo mantenlos abiertos.
Mira que ya te veo, desde hace mucho tiempo.
En días y noches, a muchas millas de distancia.
Gozoso de distinguir, donde un bello futuro acecha.

Deja que nuestras miradas se encuentren.
Déjalas, para saber hasta donde llegan juntas.
Mira que mi mirada choca en la tuya, cerca de ti.
Y solo veo la aurora de tu iris, que resplandece.

*Volteo a ti, y se que voy a un mañana perfecto.
Me alienta distinguirte al frente de mi mirada.
Deja enseñarte que en ella, puedes tocar la luna.
Y sin ningún desacierto, acariciar un horizonte.*

*Puedo enamorarme, porque puedo contemplarte.
Viviendo la ironía de estar ciego por ti, y a ti viéndote.
Cada día confirmando, la concordancia de los tiempos.
Porque desde el ayer, eres el mundo de mi ojos.*

*No temas voltear a mi, que yo no tengo miedo verte.
Descubre que tu eres el final que vi en mi promesa.
Que ahora, me es imposible renunciar a verte.
Y mañana quiero despertar, para seguirte viendo.*

*Te he buscado aún en lo recóndito de la bóveda celeste.
Te he necesitado, como necesitado la linfa transparente.
Tan solo para sentir el apuntar del alba en los amaneceres.
Para codiciar la realidad, después de una prolongada coma.*

*También he gritado tu nombre, en pueblos desolados.
Impetuoso, he acarreado la espera, de muchas mudanzas.
Avido de los huecos del postigo por donde la luz penetra.
Inequívoco que en la misma flor, se predica la esperanza.*

*Ahora puedo escribir el obituario, que muere en el péndulo.
Puedo apuntar atrás, donde ha quedado el mustio páramo.
Olvidar aún el recordar, como repudiar las amargas penas.
Sin que haya sido tarde, si no, un letargo por tu ausencia.*

La proeza se ha consumando en la verdad y el desengaño.
Es el tiempo en que las palabras, queden solo en la historia.
Hogaño de fantasía, y también de la carroza de la existencia.
Permuta de la fe, sacramento de luces, a la mas grata imagen.

Ahora, soy el planeta que gira aledaño a su radiante estrella.
Ufano en el acaecer de haber acertado por haberte buscado.
Porque cuando tuve la oportunidad de adelantar el tiempo.
Escogí esperar al día de hoy, para gozar mi gran recompensa.

He llegado embalado de una locura inalterablemente intacta.
Afín al incólume esplendor de la casaca, de lienzo blanco.
Vigoroso como los arboles que nacen al borde de las aguas.
Nutrido por las raíces fértiles, de la ilusión por tu encuentro.

Hoy es utópico pensar en una metamorfosis, sin ti a mi diestra.
Ni tampoco, continuar ponderando el espanto de la angustia.
No puedo ignorar los aguaceros que emanaron de las lágrimas.
Ni las verdes praderas, que antes fueron, picos de piedras.

Hoy es el día del futuro, sin que nada quede en la memoria.
El tiempo para no extrañar, salpicando tinta en la agenda.
Es el cortejo del corazón, para amputar los tatuajes del alma.
Es el agasajo del amor, que ni la metamorfosis cambia.

40 Conversando

Te he preguntado ¿Eres feliz?
¡Si! Apresurada me has contestado.
Pediste que te enseñara lo que es el amor.
Y mira que eres tú, la que me lo has enseñado.

Te confieso que me siento muy diferente.
Y solo hago lo que mi corazón me pide.
Créeme que ya no puedo con todo lo que siento.
Que dudo mucho, que algún sentir más, exista.

¿Creo que sabes a lo que he venido?
Vengo dispuesto a hacer realidad una promesa.
A traer un siempre, por lo que hemos soñado.
Mira que somos el mundo que hemos querido.

Es verdad, como real el cantar de los pájaros.
No sé más que decirte, solo que sufro sin ti.
Ya no quiero vivir mas en esta incertidumbre.
Solo quiero que seas, la mujer más feliz de la tierra.

Dejame hacer un pacto de amarte siempre.
Que el quererte me ha hecho ser mejor.
Me ha convertido en un hombre perfecto.
Ese, que solo estando a tu lado, puedo ser.

No tengo la menor duda que funcione.
Es mentira, que no podamos lograrlo.
Esta es la oportunidad para decir ¡Acepto!
El tiempo, del que jamás podamos arrepentirnos.

Solo estoy esperando a que me digas que ¡Sí!
Para amarte por toda la eternidad.
No tengas miedo, solo escucha que me amas.
Escucha a tu corazón... Después, lo dejaré a ti.

Deja que un día, te jure mi amor sincero.
Decir ¡Acepto! Que es lo que más sueño.
Sabes que mi corazón, ya te pertenece.
Ahora solo quiero, también el tuyo tener.

Mujer, que eres un amor mágico lleno de seductora brujería.
Ilustre señora, dueña del misterio de una belleza enigmática.
Se alberga en ti la fascinación, que nace de tu hipnotismo.
Eres tierna vampiresa, que alucinas con tu lindo encanto.

Llévame a surcar el éter de la sinfonía y música de tu hechizo.
Que atormentado ansío, amarte en tus plegarias y en tus cantos.
Aquí estoy agobiado, por saciar el antojo de esos tiernos labios.
Siempre presto, hasta notar las cenizas de los ardientes fuegos.

Quiero poseer de ti, el dote del amor, de la pasión y de la dicha.
Creer en el dogma de la verdad, de lo correcto y lo perfecto.
Tu, que eres mi estrella, mi tierra, mi sol, mi cielo y mi luna.
Majestuosa, eres el centro de mi universo, de donde todo gira.

Embriagas el juicio, porque eres auténtica, leal, integra y justa.
Peculiar erudita de toda pregunta, sabia figura de toda respuesta.
Aureola que aciertas en la luz y en la intensidad de la sombra.
Nimbo del glacial y del fuego, que en todo momento conforta.

Ambiciono atesorar las riquezas de tu amor, dueña de mi vida.
Eres premio del conquistar y del ganar, del caminar y del llegar.
Tu me haces un hombre glorioso, por galantear tu existencia.
Generosa mujer, la que me ha traído esta vida maravillosa.

Sin piedad has enloquecido mi ser y a mi corazón enamorado.
Gran pitonisa, torrente de mi fuerza que nunca nada ocultas.
Cascada de la verdad, honesta, sincera, clara y transparente.
Venero de inspiración, pensamientos, palabras y de mil letras.

Aun no entiendo de dónde has florecido, beldad del tiempo.
Secreto de la felicidad, que la misma historia ha confeccionado.
Has vertido la pócima del amor, para invocar un todo mágico.
Mi ángel terrenal, para venerarte, hasta el final del tiempo.

Eres divina fontana de poesías, numen del hablar y del silencio.
Musa de la inspiración, que fluye entre manantiales de tinta.
Nido de los deseos, de los sueños y de las oraciones del alma.
Eres tabernáculo de mi fe y la única plegaria de mi esperanza.

UNA CARICIA

42

Me convertiste en un loco en un momento.
Me diste la libertad, y te quedaste con todo.
Por eso te llevo en la felicidad de un misterio.
En las palabras inevitables, de un silencio.

Vives ahora en la evidencia de una promesa.
Embalada en el efluvio férreo de una fragancia.
En donde se arropa el principio de la historia.
En el estruendo de un beso en una tormenta.

Esta es la felicidad, que sale de las sombras.
Son gotas que caen de una caricia al unisono.
Amor de fe, que embriaga al rozar los labios.
Desafiante a las ánimas, que hoy se esfuman.

*Inhala para traspasar tu piel con mis yemas.
Siente el grito ávido de corazones idénticos.
Respira la clara-obscura caricia, que te libera.
Experimenta el éxtasis enmudecido del ósculo.*

*Este es el colofón apoteósico de un prodigio.
El lugar donde ha llegado el hercúleo espíritu.
Donde se calienta la lluvia con tus besos.
Donde se socorre al temor con una caricia.*

Vivo en el camino del crucifijo de la esperanza.
Fascinado por haber desnudado nuestro futuro.
Ahora el dolor, es el suave gesto de tu sonrisa.
Tu amor, la libertad del más grande milagro.

Ya no hay nada mas que ronde en la historia.
No existe mas, que pudo haber sido diferente.
Somos acólitos de un corazón al manifiesto.
El cántico del mimo, confesando un prodigio.

Esta es la copla que me hace empuñar la luna.
La morada de la caricia, al final del camino.
Donde no queda un momento, si no el tiempo.
La caricia de la fe y de la ultima esperanza.

ALGÚN DÍA

43

Vivía viviendo en la esperanza de vivir siempre contigo.
Mientras tu urdías la oquedad, para abandonar el camino.
Es increíble que te ame tanto y me hayas alejado de ti.
Es sorprendente que la voz del silencio, fuese tu escape.

¿Porqué te fuiste, dejándome hundido en esta zozobra?
¿Porqué desapareciste, sin siquiera mirarme a la cara?
Un simple disfraz para la ocasión, hubiera sido suficiente.
Para evitar morar en el tiempo, pletórico de incertidumbres.

*Dejaste estigmas que vivirán durante toda mi existencia.
Vestigios de cada momento, de cada lugar y de cada letra.
Ahora aquí estoy, como naufrago extraviado en el destino.
En busca de la escollera, donde exista, un nuevo planeta.*

*¿Como ignoraste que cada vez que hablo, digo tu nombre?
¿Acaso no escuchaste que anhelaba la eternidad contigo?
Fresco disimulo, donde se refugia el engaño a otro hombre.
¿Porqué no me previniste de que deseabas otros labios?*

*Pero algún día podré descifrar la expresión de tus gestos.
El color real de tu cabello y el gran misterio de tus besos.
Algún día sabrás, que soy feliz sabiendo que hoy sonríes.
Aunque sepa, que no soy yo, el que esta frente a tus ojos.*

Se me parte el alma, aceptar que jamas estaremos juntos.
Me resigno a las desafiantes ansias de correr a buscarte.
Me alienta escribir cada día un poema, como si tu lo leyeras.
Aunque sangre cada vez que lo hago, y termine en lagrimas.

De esta manera, vivo el crepúsculo, como si aun existieras.
Y cumplo con cada promesa, como si a mi lado estuvieras.
Sin nada que ver al mañana, donde solo queda un secreto.
Donde se abraza el aplauso, de haber respetado tu cuerpo.

Algún día podré atesorar buenamente la paz de mi alma.
Aceptando que eres tu y es él, pero ya no somos nosotros.
Algún día podré entender, por qué viví y morí en tu espíritu.
Algún día sabré, por qué al umbral del vergel, un día te fuiste.

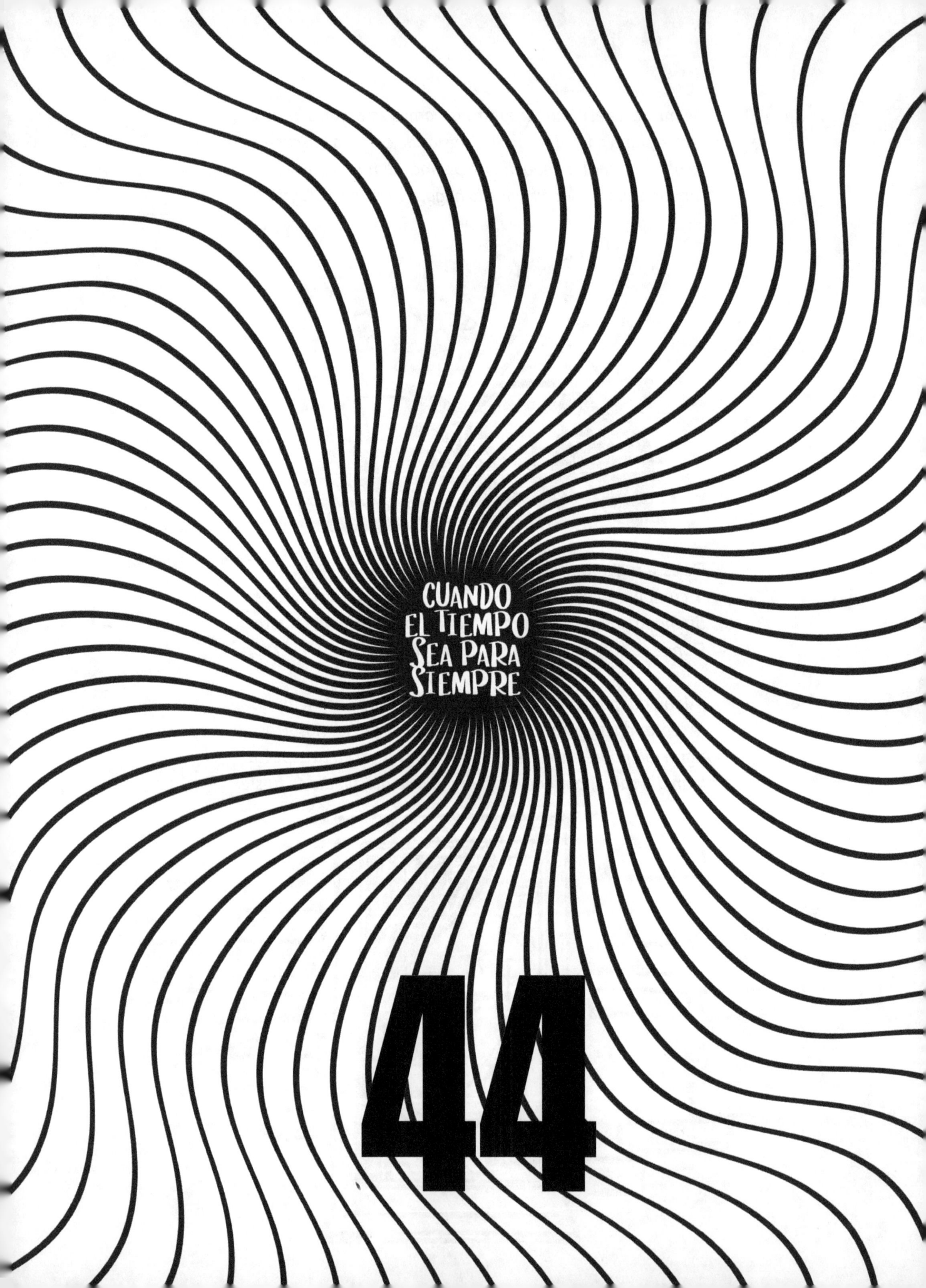

Sabrás que es fácil amarme, porque ya no soy una sombra.
Sabrás que el amor, es un apocalíptico y adorable refugio.
Que el llorar y el sonreír, son tan solo irónico testimonio.
Y que el día en que nos conocimos, es el colofón del camino.

Podrás ver que en las noches, hay estrellas más relucientes.
Días radiantes, con cielos azules, llenos de nubes y siluetas.
Verás que los pájaros, no solo pasan, si no también cantan.
Notarás que por todo sonríes y que tu piel es más hermosa.

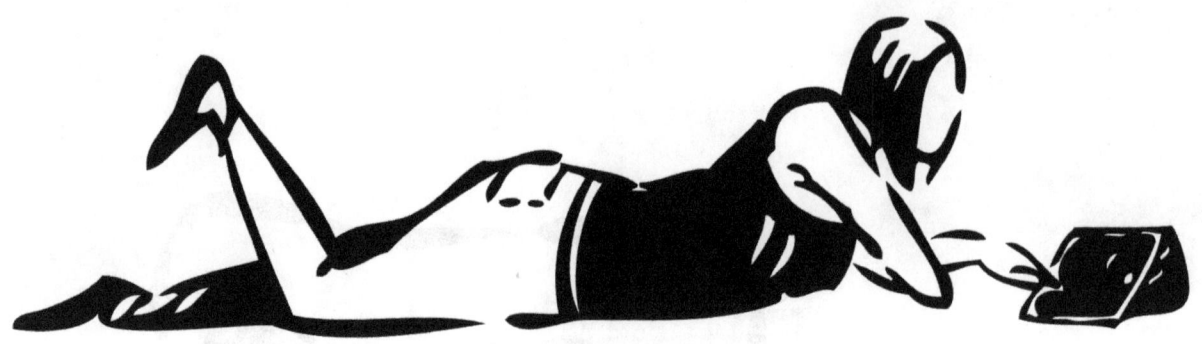

Apreciarás que existo, sabiendo que en mi corazón existes.
Aprenderás que el tú y el yo, se ha convertido en nosotros.
Que entre más tiempo tenemos, el tiempo siempre nos falta.
Y que el estar juntos, es el único escape, para tanta nostalgia.

También sentirás, que aun estando lejos, ya no estas sola.
Que en el amor, la distancia, es solo una palabra aparente.
Tristeza, es la alegría de soñar con el sabor de los besos.
Y extrañar, es solo la razón de la ilusión, de un mañana.

Es el evocar del vivir, cuando el tiempo sea para siempre.
El caminar de las clepsidras, por las llamas de una crónica.
Dias y noches, en los que la mirada, tope frente a tu cara.
Sin tener que hojear las fotos. Sin volver a las memorias.

*Solo suspiro para cuando el eterno tiempo sea para siempre.
Para entender que han existido todas las razones para amarte.
Para fundir la historia, para que nunca más, esta padezca.
Sin importar el desprender del alma, ni si el corazón sucumbe.*

*No habrá mas tiempo, para escribir y agonizar llorando.
Solo un respiro final, para rendirse a la ansiedad de un abrazo.
Sin que el desánimo guarde, por dormir solitarios, nunca más.
Y sin que la aversión corteje, el porvenir de los despertares.*

*Juntos, solos tú y yo, cuando el tiempo sea para siempre.
En el apodo ostensible de un amor colosal, como el infinito.
Un sueño final, suficiente para merecer una eterna caricia.
Sin preguntas ni respuestas, en la verdad de una promesa.*

NUESTRO MAÑANA

45

A ti mi hermosa doncella, majestuoso diamante de mi pensamiento.
Ilustre mona lisa, que supiste esperar la venida de la hégira perfecta.
A ti, que solo por ser lo que tú eres, todas las mujeres se benefician.
Es por ti que llevo en mi corazón la más grande y brillante sonrisa.

Tu, que desafías el futuro por hacerme una inesperada pregunta:
¿Como te imaginas cuando llegue el mañana en el que estemos juntos?
A ti mi diva hermosa, tierna ama de mi sentir y de mi pensar.
Con la claridad del agua que se derrama cuando cae la tormenta, te digo:

"Sentados en la vieja banca mirando un atardecer maravilloso...
Sintiendo la suave brisa del soplar de un aire silencioso y fresco...
Viendo en e pacifico mar, el reflejo de la luz que poco a poco se apaga...
Descubriendo la caricia de la felicidad, en el parpadear de tus ojos".

*Oh mi tierna princesa, toco ese tiempo como si ya fuera nuestro.
Ahí, solo quiero saborear la fortuna de tenerte conmigo, a mi lado.
Porque nada puede ser igual al bello vivir de iniciar ese momento.
Intentando sofocar la insaciable pasión, que ya me ha rebasado.*

*"A tu lado solo imagino las estrellas que nos hacen ver el infinito...
Tocar a lo lejos el colorido arco iris en donde nos espera la dicha...
Juntos contar las mil figuras de las nubes que nos trajo el viento...
Rompiendo las reglas del amor, porque el nuestro es impetuoso".*

Solo caminemos entre las suaves arenas agarrados de las manos.
Viviendo cada segundo por cada momento que no estuve contigo.
Besándote desesperadamente como si fuera el exilo de la agonía.
Abrazándote intensamente, siendo el único consuelo de mi suspiro.

Que gratificante es voltear a verte y notar el esplendor de tu belleza.
Sentir tu vida convertida en la mía, como la fuente de mi vida misma.
Haciendo cada pequeño instante, el más romántico y eterno paraíso.
Sabiendo que estando juntos, todo es divino, y todo es para siempre.

Entonces he ahí maravillosa consorte, el futuro que mi ser imagina.
Lo augura el presente de donde nace el amanecer de un día hermoso.
Por tu presencia, como la flor del corazón del jardín más exuberante.
Porque te amo y me hace imaginar desde hoy, el mañana nuestro.

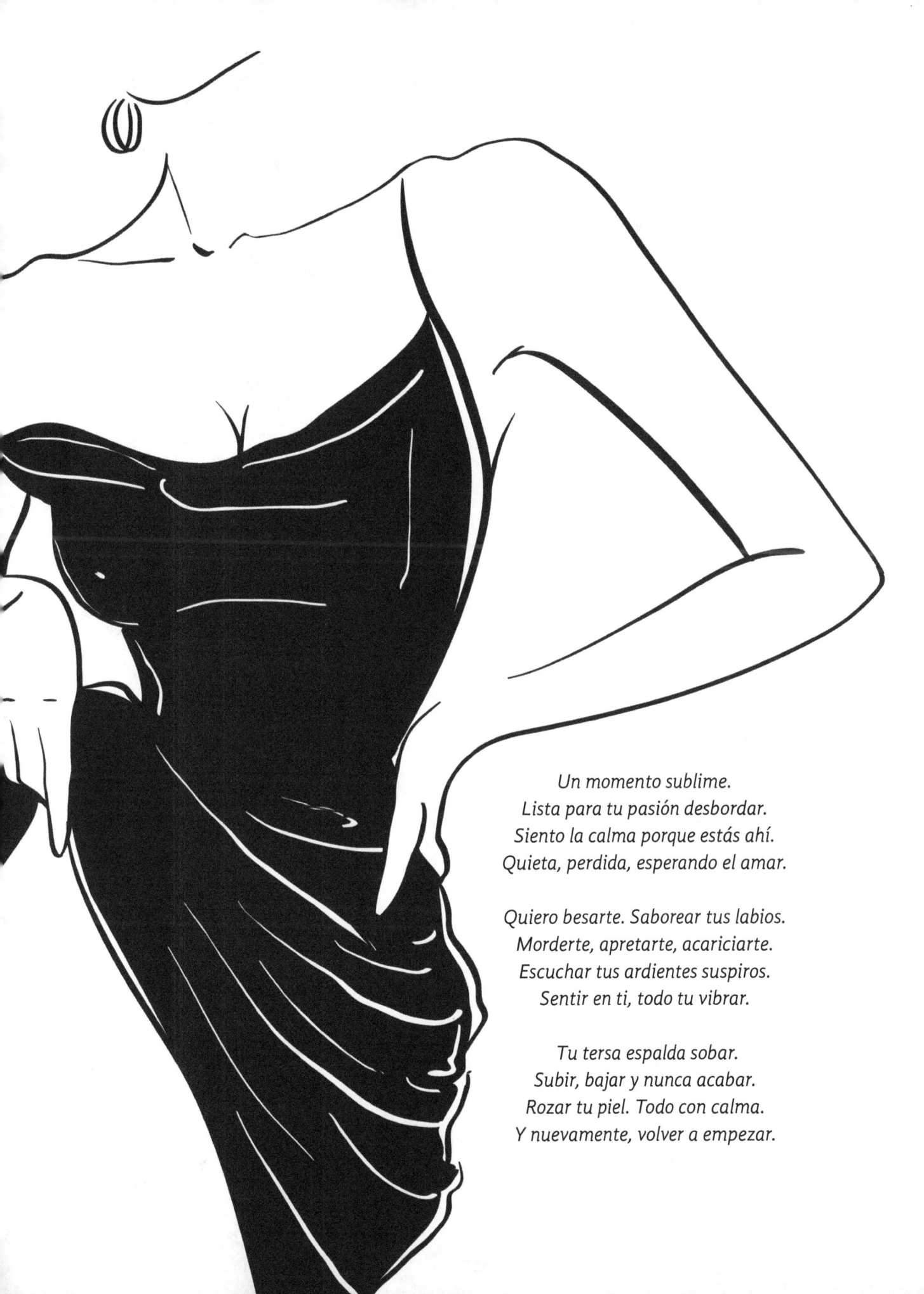

Un momento sublime.
Lista para tu pasión desbordar.
Siento la calma porque estás ahí.
Quieta, perdida, esperando el amar.

Quiero besarte. Saborear tus labios.
Morderte, apretarte, acariciarte.
Escuchar tus ardientes suspiros.
Sentir en ti, todo tu vibrar.

Tu tersa espalda sobar.
Subir, bajar y nunca acabar.
Rozar tu piel. Todo con calma.
Y nuevamente, volver a empezar.

Recorrer tu figura, sin prisa.
Solos tu y yo, en la intimidad.
Una sabana blanca, como testigo.
Y mis brazos, a tu alrededor.

Solo descansa el tiempo preciso.
Un beso en la frente para reanudar.
Decir un te amo, mi casta mujer.
Y luego, volver a empezar.

Besando tu cuello. Tu dedo pulgar.
Tus oídos, tus piernas y todo lugar.
Gozar la incontenible pasión.
Juntos, en el placer de la seducción.

Embriagarme en el olor de tu cuerpo.
Tus hombros, suavemente acariciar.
Escuchar a tu corazón, enloquecer.
Ya nada más que esperar.

Este es todo el amar.
Somos tú y yo, en un suspiro abismal.
Son nuestras almas ávidas.
Entrañas que gritan, volver a empezar.

*Al fin te vi y la espera había terminado.
Al fin pude ver a esa bella sombra.
Tantos años se habían cumplido.
Tanto tiempo viviendo desesperado.*

*Vi lo que antes imaginaba.
Se acabaron cinco minutos eternos.
Ahora pude verte caminar apresurada.
No esperaste y directa fuiste a mis brazos.*

Me siento raro, me siento completo.
Este es el tiempo de mis sentimientos.
Es el tiempo que ha llegado para ser mío.
Que ha caminado de prisa a mi encuentro.

Quiero ser solo yo y disfrutar este momento.
Esto es una verdadera sintonía de amor.
Desde mi pluma a el corazón, es una fiesta.
Una emoción, una profunda inspiración.

Hoy creo en ti, cuando antes nada creia.
Hablaste por mi corazón con entendimiento.
En mi mismo idioma, en mi misma cultura.
Es el timbre del amor, que solo yo entiendo.

Por favor traigan un detector de mentiras.
Quiero saber que esto es cierto.
Tanto sentir en tan poco tiempo.
Tanto, que ahora eres mi novia hermosa.

Déjame quedarme con el tesoro de tu vida.
Déjame estar aquí contigo, estar a tu lado.
Necesito que seas siempre mi luz.
El universo que había esperado.

Oh novia mía me encanta todo de ti.
Hoy todo está cerca, ya nada está lejos.
Hoy que nos conocemos, todo cambia.
Aun el mundo, desde ahora gira con tus besos.

Te he visto tomar la copa de vino, perfecta.
Un deleite al reflejo de tanta magnificencia.
Copa oscura al igual que tu sangre.
Dulce y amargo como tener y el extrañar de tus besos.

Entre las paredes finas, tus mismas pieles.
Transparentan para ver tus suaves manos.
Con un resplandor que resalta tu cara diáfana.
Que agita el balón para mezclar sus sabores.

*El vino como la colmena de tus mieles.
Donde se encuentra el sabor de tus encantos.
Se ha llevado en cada sorbo, mil suspiros.
Cual sentir tragos enteros, el amor que atesoro.*

*Frágil al acariciar con la yema de tus dedos.
Resplandeciente como el brillar de tu largo pelo.
Culpable tu eres que dejas las huellas claras.
Como dejar tu perfume en mi cuerpo abatido.*

*Quiero ser el líquido, para vivir en tu adentro.
Catador de tus besos y admirador de tu finura.
Agarrar la copa de tu alma y el cáliz de tu espíritu.
Paladear la chimenea del corazón y la boca del cielo.*

*Agarra el cristalino bidón, como si fuesen tus abrazos.
Sujeta el fuste, mientras yo beso tus briagos labios.
Tus ojos extraviados a la vez que tu cara enrojece.
Dobla el tallo de tus piernas y la peana pierde fuerza.*

*Esta es la copa de vino perfecta que embriaga mil besos.
Largos platicares para saborear las sabrosas caricias.
Ver tu sonreír brillar en la luz que el camino refleja.
De la sobria noche que suavemente acaricia el lecho.*

*Es el camino del amor, que siempre llega a tiempo.
Tragos que son besos, en un copa que es una rendición.
Dejando el sabor de ti, aun en tu ausencia.
Y amándonos, juntos disfrutando de la última gota.*

*L a mujer de tantas décadas.
Ella con el alma de una niña.
Es la chiquilla que tanto amo.
La que ha hecho sonreírme.*

*Sabe que es muy hermosa.
Le gusta que se lo repita.
Me dice gracias con estilo.
Chiflada en tono que conquista.*

*Hace drama por lo que quiere.
Por ganar que la consienta.
Ahora tiene una paleta verde.
Y el color de su lengua permuta.*

*Ahora viste una peluca roja.
Que la hace ver coqueta.
Sin pretender ningún perjuicio.
Solo enseñando que es divertido.*

*Eh ahí mi mujer hermosa.
Mírala que camina de prisa.
Quiere que voltees a ella.
Para que la ame y la consienta.*

Hoy sus labios se visten rojos.
Ensaya con un nuevo semblante.
Es una incitación para besarlos.
Carnosos, jugosos y flamantes.

Mi ángel divino aquí en la tierra.
Vienes porque quieres ser amada.
Aunque llenas de rubor tus mejillas.
Cada vez que te digo que te amo.

Señorita con espíritu rebelde.
Alma libre, inocente y seria.
Musa que disfruta leer poemas.
Bella hembra de mi vida entera.

Hermosa Farisea, sin honra ni decencia.
Evidente artista, de la verdad y la farsa.
Hábil clavaste el puñal con una caricia.
Pudorosa cobarde, que ni la cara diste.

Sigo sin entender, todo ha sido sorpresa.
Solo aprendí que tus besos, son amargura.
Que tus caricias, se convirtieron en torturas.
Y que tu sonrisa, se transformó en calumnia.

¿Cómo vives en el centro de la hipocresía?
Con semblante bonito, repleta de mentira.
Dejando la presencia de un dolor inmenso.
Dejando en el corazón, una cruel experiencia.

Tan siquiera dime cómo curar las heridas.
¿Cómo callar, cuando lo que quiero, es gritar?
¡Solo dime! ¿Cómo encontrar una respuesta?
¿Porqué me abrazaste con tus tentáculos?

¿Cómo detener al cielo que se está cayendo?
Si cada vez que te recuerdo, siento que muero.
¿Cómo? Si aun cerrando los ojos, te sigo viendo.
Si cada vez que camino, siento ir a tu encuentro.

No es fácil olvidar e imposible girar la historia.
No quiero extrañarte, ni escucharte en mi cabeza.
Solo quiero arroparme en un nuevo esplendor.
Parar de buscar por todos lados una respuesta.

Eres la Judas que mientras te amé, me besaste.
Me dejaste tocar el esplendor y desapareciste.
Apóstata del largo camino, infierno ilustre.
Sin duda la más grande estrella. Artífice maestra.

Sin ti es mejor escribir, para no extrañarte.
Viviendo recuerdos, pretendiendo olvidarte.
Sin explicaciones. Sin respuestas.
Solo. Viviendo una vida que tú me escogiste.

51
PUEDO SABER QUE ERES TÚ

Parece que ahora luchas por ser una persona diferente.
Sin saber que eres única, y sin poder ocultar tu grandeza.
Aunque quieras esconderte, tras una estrella reluciente.
Puedo saber que eres tu, por el resplandor de tu belleza.

Puedo saber que eres tu, linda chiquilla, cría hermosa.
Pitusa chiflada, que me tienes loco, ido con tus gracias.
Eres tu, la que me ha hecho adicto a los ricos manjares.
La que ha nutrido la pasión, que hoy fluye en mis venas.

Puedo saber que eres tu, que estas debajo de las sabanas.
Puedo reconocerte, aun en la oscuridad de una mirada.
No puedo equivocarme, al oler tu cuerpo ávido y paciente.
Solícito para ser amado, en la perennidad de las paredes.

Se que eres tu, que me jalas con el esbozo de tu silueta.
Ese contorno que me condena, a una mutación ardiente.
Inspirada por la radiación del noctámbulo de la luna.
Sin importar que con el arrebato, llegue hasta la tumba.

Claro que se que eres tu, disimulada en tantos disfraces.
Seductora sibila, hechicera del mas recóndito sentimiento.
Solo la intimidad de mi corazón, podrá siempre reconocerte.
Por que eres el alborozo sublime, exclusiva para mi alma.

Puedo saber que eres tu, aunque quieras ser un secreto.
Porque te pude ver, cuando vivía en lo árido del desierto.
Que ya no te puedes tapar, ni tampoco te puedes camuflar.
Todo es insuficiente, aun furtiva en el más complejo acertijo.

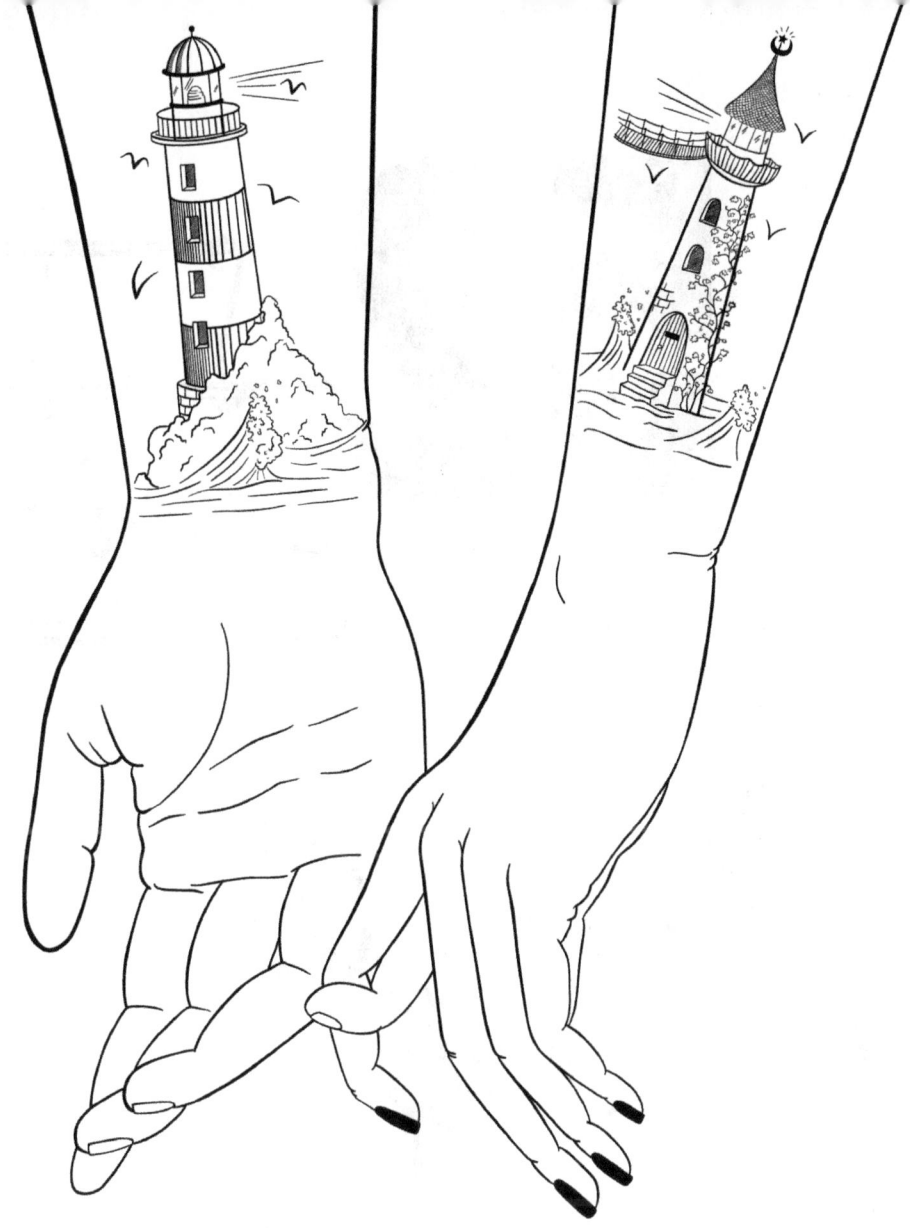

Me basta con solo voltear, mirar y sentir un llamado íntimo.
Todo me lleva a ti, que puedo verte oculta en lo recóndito.
Se que eres tu, porque un día, te escogí para estar conmigo.
Para ser yo, y solo yo, el afortunado ser, que ame tu cuerpo.

Puedo saber que eres tu, la buena mujer que debo de amar.
Divinidad que hoy amo, y que no puedo separar de mi alma.
Puedo saber que eres tu, ángelus existente de días hermosos.
Deidad que me hace ganarlo todo, y también todo perderlo.

Nada es más hermoso que estés junto a mí.
Voltear y verte. Sentirte. Tocarte. Olerte.
Exactamente a mi lado y saber que eres tú.
Qué eres real y aunque no lo crea, existes.

Me siento feliz a tu lado, enamorado de tu amor.
Adicto a tus caricias, perdido por ti y hambriento.
Eres tú la guía de mi existencia, alma y espíritu.
Mi compañera, a la que amo desde el principio.

Ya nada busco más, porque todo está en ti.
Eres mi ayer, y también mi presente.
Eres tú, el mañana, y en donde el futuro existe.
Por siempre eres tú, mi único tiempo.

Eres tú a quien amo y a nadie más puedo amar.
Eres tú, con quien quiero compartir sueños.
Así lo pide mi corazón y así lo grita mi alma.
Así lo grita el espíritu, así lo necesita mi cuerpo.

Eres tú eternamente el monumento que esculpí.
La efigie que busqué, y que llevo aquí adentro.
Tenerte frente a mi mirada, para sentir que todo tengo.
Saber que estoy completo y que nada más me falta.

Ya nada arrulla y consuela el amor que por ti siento.
Vive de tu vida, sin haber ni encontrar otro remedio.
Encadenado a la intimidad de cada murmullo al oido.
Fortalecido en la sensación de cada caricia y cada beso.

Son tus labios. Es tu boca. Son tus azules ojos.
Todo está ahí. No quiero dejarte. No quiero irme.
Aquí es donde se vive cada suspiro. Cada palabra.
Donde la felicidad llega, y se queda en cada aliento.

Ahora caminamos por los más hermosos tiempos.
Creyendo en lo mismo, en un amor que nunca muere.
Eres tú, la luz que alumbra mi corazón que todo a cambiado.
Mi recompensa y mi vida eterna.

53

Podagras

Hoy confieso que he vivido la vida sin vivir.
Acepto que jamás he amado, como he deseado amar.
Hogaño el amor que me ha rescatado de la ignorancia.
Ahora sé que mi vida ha empezado, en tu vida misma.

Benditas podagras que han dejado todo al descubierto.
Incólume esencia, peregrina de las entrañas.
Virginal pasado, cenit de lo que hoy eres y me has hecho.
Argumento que aplaude la esperanza de estar a tu lado.

Contigo quiero recrear el tiempo que he sido restos.
Quiero vivir cada instante en la luminosidad de tu halo.
Diligente oportunidad por el correr de las aguas.
Plañido fidedigno de ti, que hoy me han revivido.

Benditas podagras que han escapado de tu mirada.
Esas que nacen del lugar más profundo del alma.
Pureza y brillo; en el flujo de amor que derraman.
Alivio y consuelo; por el ser amado, que manan.

Ven, recárgate en mi hombro donde serás valiente.
Confórtate en este lado, donde el corazón palpita.
Sin duda cambiaría mi vida atiborrada por la tuya.
Con tal de ser yo, de donde los torrenciales fluyan.

Y si aún tu cuerpo colapsa, aquí toma mi existencia.
Aférrate en el amor y su inagotable fuerza.
No importan las pasarelas que tenga el renacimiento.
Que la linfa drenará, con la alborada del tiempo.

Juntos, somos corazones confinados en el paréntesis.
En el antes y el después, de la fontana de tu llanto.
Somos frenesí de la verdad, que la voluntad demanda.
Peleles del corazón, cuando sonríe y también llora.

Ahora la pócima de tus ojos, es la luz de la ventura.
La existencia en donde ya no existe el desconsuelo.
El manantial de podagras, donde brotan sonrisas.
Donde renaces y vives, con el amor de tus sueños.

¿Acaso no sabes quién soy? ¿Acaso no me conoces?
Soy el que trae la felicidad, en un ramo de flores misteriosas.
El que dice te amo cada mañana, escribiendo mil poemas.
El que ha estado oculto, en espera que aparecieras.

Ojalá vieras dentro de mí y sepas que este no es un epílogo.
Que mientras siga viendo tu rostro, mi corazón sigue creyendo.
Renuncio a renunciar, que eres la primer zagala que conozco.
Hoy te declaro mi ilusión, siendo tú, el confín de mi destino.

Conoce que eres la luz de un caminar pletórico de esperanza.
La realidad de cien estrellas, copuladas en el firmamento.
Que por cien años más, quiero escuchar la sinfonía de tu voz.
Sabiendo que nuestros sueños, estando juntos, no están lejos.

Solo voltea hacia la luz, y poco a poco veme reconociendo.
Siente la inquietud de tu espíritu y el deseo de tu alma.
Mira que es aquí en donde estiba la fortuna centenaria.
El aposento de un siglo supremo, en el éxtasis de la gloria.

Confía en que cien años más, son solo el principio del tiempo.
Para que sea el final de todo y para que las emociones empiecen.
Para saber que si estoy solo, es porque quiero que me conozcas.
Para que ya nada mas imagines y nunca mas te arrepientas.

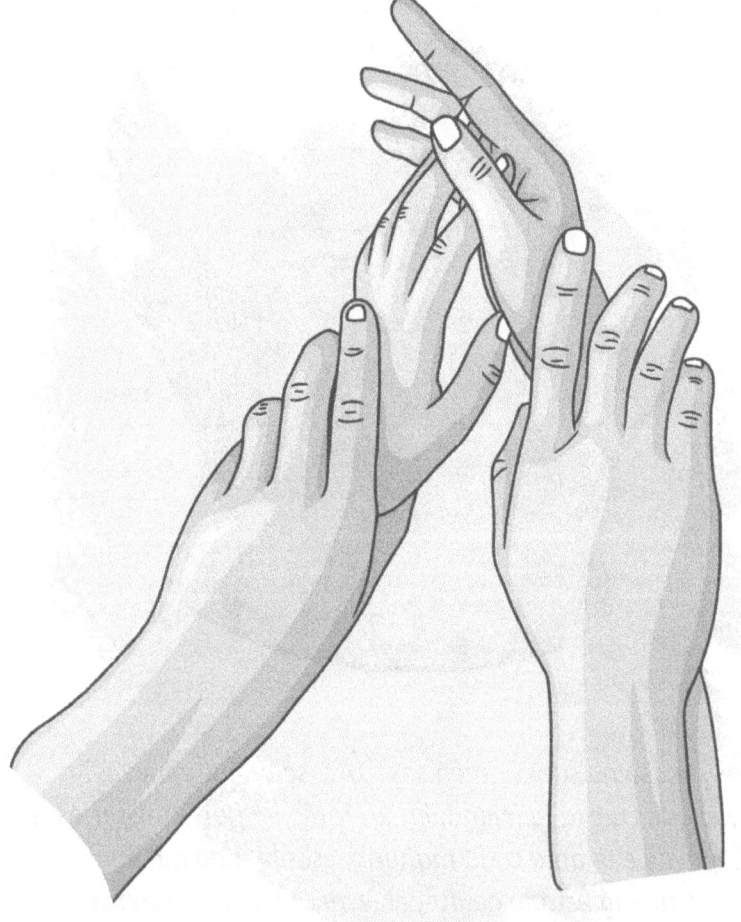

Palpa en mis manos que son tan suaves como las tuyas.
Descubre en ellas, que soy el joven florecer de cien primaveras.
En donde el orto de cada aurora, es epónimo de caricias.
Y el crepúsculo, la pasión de dos almas que se quieren.

Entiendo que te encuentres en la angustia de la incertidumbre.
Asombrada por los prejuicios, que los números vacilan.
Olvídate de los años, que son solo un folio que nos apartan.
No tengas miedo, que por tus besos puedo ser efebo eterno.

Perdona no haberte ofrecido estos cien años en el pasado.
Pero no es tarde para que elijas el lujo secular de una historia.
Escucha tu ser, y encuéntrame en ti, como yo te he encontrado.
Que vale la pena la maravilla de cien años, amandonos.

55

Existes, pero yo no existo

*Quiero verte, pero no te dejas.
Te sonrío y tu me gruñes.
Estas cerca, pero estas tan lejos.
Te hablo, pero no contestas.*

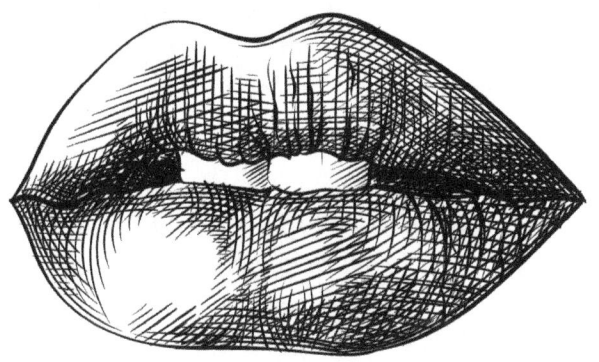

Veo que pasas, pero no te detienes.
Veo que caminas, pero no vienes.
Te espero, pero nunca llegas.
Te beso, pero solo en sueños.

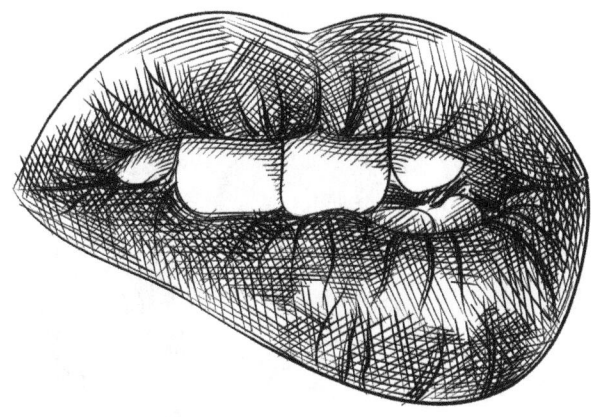

Huelo tu perfume, pero no es el tuyo.
Te escucho, pero es el anhelo.
Te hablo, pero estoy imaginando.
Hay futuro, pero ya no hay tiempo.

Quiero correr a ti, pero no sé a donde.
Te acaricio, pero no te toco.
Te amo, solo en memorias.
Te siento, pero sigo solo.

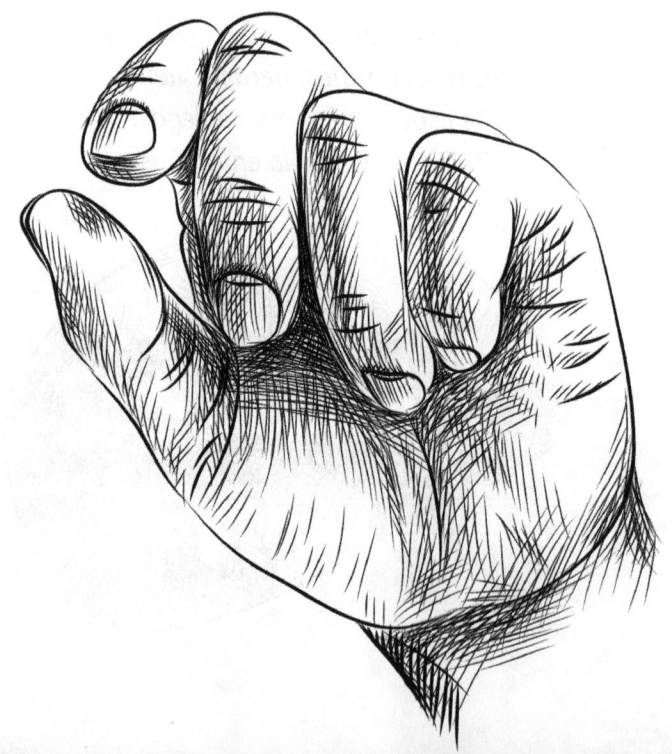

Te busco, pero no te encuentro.
Eres mi vida, pero no te importo.
Estas ahí, pero solo en fotos.
Yo me acerco y tu te alejas.

Te necesito y tu me rehuyes.
Rezo por ti y tu me maldices.
Yo en el fondo y tu volando.
Tú el presente, y yo el pasado.

Quiero hallarte, pero te escondes.
Te extraño y tu te olvidas.
Te creo y tu me abandonas.
Te amo, pero tu me odias.

Te quedaste en mi, pero ya te fuiste.
Todo acabo, pero te sigo amando.
Todo terminó, y no lo acepto.
Estoy vivo, pero vivo muerto.

¿Cómo voy a sanar mi corazón, que se está marchitando?
¿Cómo? Si cada vez que cierro los ojos, te veo en mi.
¿Cómo? Si cada vez que camino, voy en tu encuentro.
Si cada vez que recuerdo de ti, siento que muero.

¿Cómo no sucumbir en un tris, cuando te has alejado?
¿Cómo? Si lo único que quiero es estar a tu lado.
¿Cómo? Si quiero estar contigo en el eón del tiempo.
Si eres la luz de mi caminar y el vivir de mi esperanza.

*No tengo miedo dejar tantas sensaciones dentro de mí.
Ni tampoco grabar tantas ilusiones en mi pensamiento.
Entiendo claramente que seas un amor bello y trágico.
Pero vale la pena, voltear a un sentimiento digno.*

*¿Cómo parar de sufrir por el dolor de dejar de besarte?
Aunque haya vivido la cercanía del sacrificio de vivirlo.
¿Cómo? Si fallezco en la dicha del contexto de tus labios.
¿Cómo renunciar? Si contigo se tiene el mundo entero.*

*¿Cómo entender que este sea el tiempo elegido?
¿Cómo? Si aunque viva en él y estando tú, no te tengo.
Si al final te das cuenta, que lo dulce de una sonrisa,
es solamente, el acerbo acérrimo de la indiferencia.*

*No existe apremio en la posibilidad de amar correctamente.
Que ya se han abatido las paredes que antes eran celda.
Coincido con la oportunidad de una sociedad de soledad.
Caminando la promesa del optimismo, sin ser un extraño.*

*¿Cómo encontrar eco en el silencio, callando que te amo?
¿Cómo? Si no es fácil aguantar tanta inclemencia.
¿Cómo? Si he esperando todo, aunque mi vida cambie.
¿Cómo? Si esto es así, siendo yo tú, lo único que tengo.*

*¿Cómo aceptar ahora, que nada es para siempre?
Si llevo el pedrusco de una cultura de un amor eterno.
¿Cómo? Si soy un grito del alma, emergiendo del agua.
¿Cómo? Aunque a veces, el nada, sea suficiente.*

Yo soy a quien tú amas

POCO A POCO

No sé dónde tu amor se encuentre ahora.
No sé lo que tu corazón hoy este sintiendo.
Aunque sé que estás ahí, muy cerca de mí,
no sé si en ti, mi nombre siga estando.

Quiero que sepas que estoy sufriendo.
Que sin tu amor me estoy muriendo.
Me he dedicado a seguir mis sueños.
Para olvidarte y ya no estar en ti pensando.

Pero, tu presencia, aún sin ti, siempre llega.
Donde quiera que estoy, huelo tu aroma.
El sonido de tu voz, es un constante martillar.
Retumba en todo tiempo y en todo lugar.

Hoy, hasta la concordia del silencio exclama.
Aun los recuerdos, incesantemente murmuran.
La incertidumbre del mañana, sigue y sigue.
Pero solo sigue, para confundir más a mi alma.

Poco a poco, me atrapa más tu indiferencia.
Me tortura y arremete más con esta angustia.
Es como una tormenta que nutre mis lagrimas.
Como una ilusión, que poco a poco se apaga.

Poco a poco, la desesperación se intensifica.
Poco a poco, las sonrisas cambian a lamentos.
Ahora respiro y por momentos me sofocas.
Por momentos vivo y por momentos fallezco.

Pero... ¿Porqué el apremio de esta zozobra?
Si solo he venido, para curarnos poco a poco.
¿Porqué tanto alboroto, si ya no hay sombras?
Si solo quiero ser, poco a poco, tu argumento.

Solo préstame tus oídos, para que me escuches.
Préstame tus ojos, para que te veas en mi mirada.
Préstame tu corazón, para que sepas que te amo.
Para que poco a poco, vuelvas a mí, enamorada.

58

El valor del amor

*Aquí se atesora la verdad palaciega de un alma divina.
La esencia claro-oscura de la intimidad de un sentimiento.
Palpar de los capullos en comunión con la celestial bóveda.
El perdón de un juramento, en la postrimería de la aurora.*

*Aquí, el valor del amor, se mide en el fuego de un calvario.
En la intensidad de una plegaria, de un corazón seducido.
En la ingente humildad de la gratitud, tolerando al mundo.
En un grito impávido de un espíritu, anhelando un destino.*

Aquí, la tasación, es la fuerza misma de un sollozo.
Es el ajuste del oreo genuino, peregrinando en el tiempo.
Lo mismo que vale una gota, cuando se dice un adiós.
Lo mismo que vale un suspiro, en el expirar de un ocaso.

No se puede regresar el reloj, cuando la ilusión existe.
Ni entender las mañanas en las que nunca amanece.
Son las voces a tu alrededor, con aire frio y sofocantes.
La flemática historia, donde pactan arrecidos los temores.

El valor del amor, es la júbilo de la verdad, que nada calla.
Es la axioma de una caricia, y la apotegma de un beso.
El que nunca para de escribir, mucho menos para de soñar.
Donde resplandece el imaginar y el siempre de algo mas.

Aquí no hay paredes lujosas, solo las paredes del alma.
No existe él confort, sino la confianza de un horizonte.
Aquí el tiempo se hace corto y la eternidad te sede el paso.
Aquí es donde nada se pierde y aun perdiendo, todo se gana.

Este es el nidal de una vida, en una sinfonía indisoluble.
Estrofa majestuosa, vertida en el craso ahínco de un sueño.
Preludio de la ajorca, en el óbito de una soledad amarga.
Para calmar la pasión, arpada en la más ardiente llama.

Porque el valor del amor lo sabe todo, incluyendo el futuro.
Sube o baja, vive o muere, pero siempre intentándolo todo.
No se confunde, viviendo en la luz, aunque parezca sombra.
Es el que aguarda al final, y marca por siempre la historia.

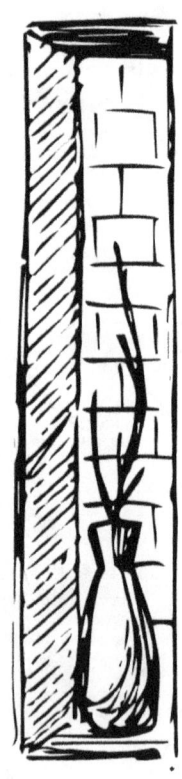

59 Treinta días

*Solo has necesitado treinta días para cambiar mi vida.
¿Cuánto más debo esperar en una eternidad amándote?
Porque hoy somos protagonistas del más bello poema.
En el que empieza un mañana, de la más grande historia.*

*Treinta días, para estrenar el alimón de cada madrugada.
Donde exista el alba, que resplandezca la esperanza.
Hoy, son treinta días en los que he llegado a ti hendido.
Exultante a la verdad, de que treinta días son un destino.*

*Treinta días para acertar, y treinta días para adorarte.
Eres el maravilloso testimonio de treinta días perfectos.
Para desear el resto de una vida, anidar a tu lado.
Sin importar que el desenfreno, cimbre al mismo cielo.*

*Treinta días que parecieran ser un comienzo extraño.
Que hasta las incesantes voces enemigas, se han callado. Y
a no hay nada atrás, ni tampoco al frente falsas proezas.
Ahora eres realidad, como la sombra lo es a mi cuerpo.*

*Eres tú en mi y soy yo en ti, y nada más importa.
Que incluso el ológrafo de treinta días, ha quedado escrito.
Divino es lo nuestro, como asombroso es el principio.
Este es el gran final de una espera, en tan corto tiempo.*

Solo amémonos y dejemos que la jornada sea completa.
No despilfarremos la oportunidad de poder tocarnos.
Sumemos más palabras de amor, a las que ya se han dicho.
Que la prorroga ya terminó, y ahora aguarda el infinito.

Solo nos resta vivir el porvenir después de treinta días.
Unir nuestras almas, separadas por el dilema del pasado.
Nacer cada mañana, en la grandeza del un sentimiento.
Amándonos sin reserva, en comunión de un amor eterno.

Hoy las emociones dicen que este es el umbral exacto.
Tardó tanto, pero ha cambiado tanto, en tan poco tiempo.
Son treinta días para que germinen muchos más sueños.
Muchos treinta días más, para apagar cada día el fuego.

60
EL ACOSO DE TU INDIFERENCIA

Acaso cometí un error al anotar en un papel lo que siento.
¿Por qué? Sí vivo donde quiero vivir, persiguiendo un sueño.
¿Cómo puedo acosarte? Si te escribo, es porque me gustas.
No puedo empezar una cruzada, con la corola de una caricia.

Es que tú ya no eres una desconocida para mi corazón.
Y no puedo imaginar como un dulce poema te sea un tormento.
Al contrario, deja que salga de mi, lo que nunca te he escrito.
Y sepas que soy yo, el trovador cortés amante de tu universo.

No entiendo, como te puedo acosar con una palabra tierna.
¿Cómo un opúsculo lleno de ligaduras, puede perseguirte?
Como un ramo de hermosos pétalos, puede ser molestia.
¿Por qué? Si es así, cómo un caballero como yo, conquista.

Solo escribo en una serpentina, por el júbilo de la esperanza.
Permíteme publicar mil pliegos más, que estoy inspirado.
Deja vaciar mi alma en ríos de tinta, que aun no he terminado.
Pero no quiero ofenderte, solo quiero regalarte una poesía.

No tengas miedo a palabras sinceras, que a nadie hostigan.
Libera lo que existe en ti, y descubre a un ángel y a su poeta.
Escucha que no hay un instante, que no piense en mi musa.
Qué soy yo, el que lleva el alma empuñada, para trazar una letra.

Mi mote solo está esculpido en odas, que expresan lo que aman.
Sin temor a enfrentar un juicio, por la doncella que veneran.
Creo en el milagro de vivir un día, en la nirvana que he dibujado.
Aunque por ahora more, en el acoso de tu indiferencia.

Me da gusto aceptar que vivo celoso por el aire que te toca.
Que eres una tentación que me abraza, aun estando a la distancia.
Hoy dejo de ser el enigmático anónimo de flores y poemas.
Para ser el fénix del amor, pero jamás seudónimo del agobio.

Siento que aunque estés allá, con cada letra, puedo tocarte.
Correr en tus venas y diluir en tu corazón que el mío te busca.
En cada coma, ser la dogma, que me haga escuchar tu voz.
En cada punto, el compás de tu alma, para escribirte más.

61

Te amo porque te amo

*Tú eres la mujer con la cual quiero compartir lo mejor de mi vida.
Porque te necesito a mi lado. Porque eres realmente a quien amo.
Desde el mismo día que te vi, sabía que eres lo que he esperado.
La que por tantos años y entre la obscuridad, había imaginado.*

*Deseo con tantas fuerzas estar cerca de ti y que tú estés a mi lado.
Vivir con intensidad este amor, que el mundo nos ha regalado.
Me he enamorado tanto de ti, por que todo en ti he encontrado.
Sentimientos que jamás imagine, mucho menos haber concebido.*

*Desde el instante que me diste la oportunidad de conquistarte,
quise vivir la vida solo contigo, para terminarla aún más amándote.
Ver alrededor y saber que nada a este gran amor puede semejarse.
Pues es el reflejo de nuestros sueños, y de un bonito peregrinaje.*

*Quiero entregarte mi vida y tomar la tuya para siempre.
Quiero que te recuestes en mi hombro para adorarte y quererte.
Que es verdad lo que hoy vivimos, y es verdad lo que hoy sentimos.
Dejemos que llegue el mañana, que mañana es un futuro brillante.*

*Dejemos el hoy y vivamos en donde siempre estaremos unidos.
Hundidos en este profundo amor, en el cual estamos perdidos.
Nada ha sido en vano, por sentir que siempre hemos tenido.
Un amor que hoy ha aflorado y que ya no podemos seguir ocultando.*

El amarte como hoy te amo, hace sentirme un hombre afortunado.
Y nada tiene de malo en quererte tener por siempre a mi lado.
Solo quiero saber que estas aquí, junto a mí, para decirte que te amo.
Susurrarte al oído que te necesito, y que mi corazón está ilusionado.

Solo quiero seguir, no quiero detener este hermoso caminar.
Anhelo tenerte conmigo, nunca parar y contigo seguir avanzando.
Seguir teniendo esta inefable sensación de estar de ti enamorado.
Y agradecerte por siempre, que mi corazón hayas cambiado.

Te amo porque te amo. Es algo diferente que no puedo explicar.
Es un sentir que retumba en toda el alma con profunda intensidad.
Un sentimiento sin reglas y sin normas que solo en ti le gusta pensar.
Es el amor verdadero, para un tiempo llamado eterno.

A veces me sorprendo de mi búsqueda.
Como pude encontrar algo tan hermoso.
Tan codiciada como una perla preciosa.
Ahora, en la realidad de ser mi princesa.

Soy sin duda, por demás afortunado.
Este privilegio nunca pude imaginarlo.
Pero, si es por el amor que he aspirado.
Entonces es claro, que debo merecerlo.

Por ello y por el inmenso amor que te tengo.
Por saber que este no es un amor ordinario. Te prometo:

"Te prometo insaciablemente amarte.
Convertirte en mi alteza, mi mujer sagrada.
En cada respiro, tu conquistador incansable.
Ser tu más leal amor, integro hasta la muerte.

Te prometo un te amo, todos los días decirte.
Una vida llena de felicidad abundante, ofrecerte.
Cumplir con la felicidad de siempre acompañarte.
Con el humilde deber, de cuidarte y protegerte.

Te prometo un palacio a tu placer construirte.
En donde día a día con decencia respetarte.
En donde siempre puedas dormir en mi hombro.
En donde podamos saciar esta pasión desbordante.

Te prometo escribir para ti cada mañana.
Hablarte siempre aun en los callados silencios.
Te prometo conquistar para ti el mundo entero.
Donde tu y yo construyamos nuestro propio imperio.

Te prometo caminar junto a ti para todos lados.
Admirar siempre tu sabia y sin igual belleza.
Dejarme guiar por la fuerza del amor que te tengo.
Y por siempre conservar el honor de mi palabra."

Para ello, solo necesito saber que me amas.

*Si ayer cuando te tuve en mis brazos sentí partirme al despedirme.
Llegará de nuevo ese momento en el que podré desfallecerme.
Hoy te amo mucho más que en el pasado pues eres mi bello presente.
Porque este amor es desde siempre, aunque se haya dado de repente.*

*Hoy por la noche cerraré los ojos y pensaré que llego el día esperado.
En el que despertaremos tu y yo juntos, y tu envuelta en mis brazos.
Bendito el día que pude verte, dichoso el instante que decidiste contestarme.
Venerable sea ese día cuando este a tu lado, que no podré parar de besarte.*

Oh amor mío, hoy despierto puedo soñarte y también puedo escucharte.
El mañana pronto llegará con un aire cargado de un amor muy diferente.
Aunque los días son iguales, nuestro sentir del mañana será desbordante.
Otra vez vamos a vivir, realmente a vivir, esta viva intensidad princesa.

Arribará el mañana con el sol más brillante y el claro día aún más reluciente.
La noche se iluminará de nuevo con la misma luna que ayer vimos distantes.
Nuestra estrella ya no la podremos contemplar, porque estará fundida en ella.
La victoria del amor se ha dado. La ha vencido. Ha hecho en ella su morada.

Me impacienta verte, tocarte, sentirte, acariciarte, y besarte nuevamente.
Quiero llegar a ti y esta vez quedarme perdido en tus labios por siempre.
Aunque sea muy larga la espera, la ilusión de verte la hace sentir bella.
Siempre estás en mi mente, por eso esta demora, será más placentera.

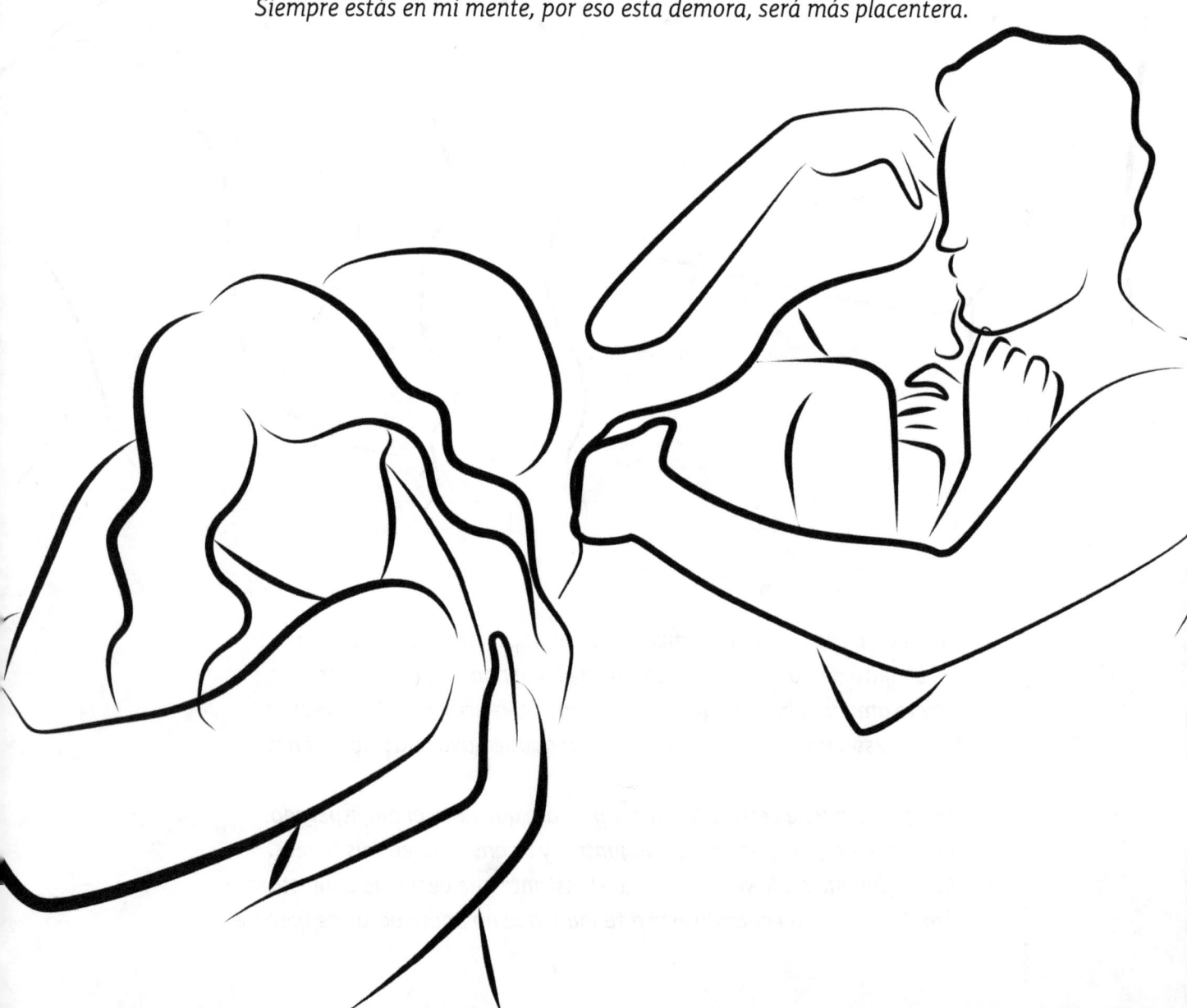

*Eres tú la que me haces falta, que necesito en cada segundo abrazarte.
Que iré todo el tiempo a ti, hasta que llegue el día, de solo voltear a verte.
En el que en cada respiro pueda atesorarte, y seas por siempre mi estandarte.
El final de mi sueño, y la princesa que mi vida lleve, para amar eternamente.*

*Duele el alma solo pensar que llegaré mañana a ti y tendré que regresarme.
Saber que a mi regreso, renacerá la misma distancia, en nuevas saetas.
Pero aún sintiendo el dolor de la piel arrancándose cuando deja tus brazos,
aun así, aunque duela, aunque sufra, aunque llore, aun así, quiero verte.*

*Solo miraré hacia atrás, llevando mil pedazos de dos corazones en mi puño.
Evocando tus secretos, para llenar cada trecho que nos aleja de fortaleza.
Dejando contigo este amor titánico que has creado con tu hermosa sonrisa.
Resignado a esperar otro bendito día, en que volvamos a estar juntos.*

Esta noche es diferente a cualquier otra.
Siento que todo mi cuerpo se estremece.
Abrázame fuerte que el cielo escucha.
Esta es la noche que marca una semblanza.

Esta noche quiero ganarme tu corazón.
Para que se quede conmigo eternamente.
Siente la plegaria de amor que yo siento.
Que esta es la verdad, de todo un tiempo.

Mis latidos son para que oigas la evidencia.
Diáfana verdad, luminarias de una promesa.
No obstante, esto no es todo lo que atesoro.
Si no, el único amor, de toda una existencia.

Averigua la verdad aun en el borde de mi ser.
Descubre que te amo y que te necesito.
Quiero tu alma que me llama y me ilumina.
Tenerla en mi, y la mía en tu presencia.

Esta es la verdad que nace del asombro.
Del pasmo germinado del sentir que llevo.
Que no soy el mismo hombre del espejo.
Y los restos del pasado, ya se han disperso.

Quiero ceñir la oportunidad de la verdad.
Presto a que ahora sea todo diferente.
Comulgar en un sentimiento honesto.
En el claror, después de una larga espera.

Eres algo raro, albergado en mi alma.
La máxima verdad que se ha asomado.
Ansiada libertad después de una condena.
Suma de un espíritu, y anhelo de un sueño.

Hoy mi corazón lleva los grilletes de tu amor.
Sin que las cadenas de la amargura existan.
Ahora mi sentencia de por vida, es amarte.
Viviendo en la verdad, por siempre.

*No dudo que me ames, pero tu manera de amar es rara.
No dudo que me sueñes, ni tampoco qué me extrañes.
Pero ¿Para qué amar, para que soñar, para qué extrañar?
Si cuando estas en la puerta, te rompes como un cristal.*

*¿Porqué culpas al amor por amar, si es lo único que hace?
Mira, que no puedes dejar ir, a alguien que nunca dejaste llegar.
¿Acaso no sabes qué el amor no pide, si no que da?
¿No sabes que solo existe, cuando se cree en un boyante final?*

*No presumas que amaste, porque fue a ti a quien te amaron.
Aunque hayas mostrado amor, el amar para ti no existe.
No digas que conociste, porque fue a ti a quien conocieron.
Deshonesto sentimiento, cuando se mide y se limita.*

*¿Para qué amas, si al final te das la vuelta?
¿Para qué intentar llegar, si a mitad del camino vas a parar?
¿Para qué enamorarte, si huyes a las alegrías y a los votos?
Si tan siquiera hubieras escuchado que gritaba tu nombre.*

*Apocada, que por máculas, dejaste ir lo más preciado.
Profana, que defines el amar, como un episodio ordinario.
¿Para qué quererlo todo, si todo abandonas a la deriva?
Para qué pretender laureles, si lo que manas son espinas.*

Siempre es más fácil correr a abrir nuevas puertas.
Lejos, con el espacio vacío cuando se rechaza una aurora.
No entiendes el sentir del corazón, que cuando ama, ama.
Te falto ver dentro de mí, y te falto verme en tus sueños.

Amor perfecto es aquel que se aferra a la verdad del alma.
No aquel que se justifica, en la voluntad de un arrebato.
Escucha, que no existe el amor, en donde no florece la magia.
Ni tampoco, en donde adolece la fe y la esperanza.

Es el amor el que no titubea, porque es diáfano y pulcro.
El que nunca se arrepiente de amar y menos, por ser amado.
En donde no existen alertas, porque se entrega por completo.
¿Para qué? Si aún el dolor y las cicatrices, valen la pena.

66
Un Hueco en el Jardín

Aunque hoy te esfuerzas por no estar a mi lado.
Aunque quieras mentirte de haberte engañado.
Este amor nuestro nos llama a estar unidos.
Siendo la razón por tener el corazón en un llanto.

No importa que hoy sea el día más hermoso.
En la inmensidad del jardín, falta una flor en un hueco.
Es la oportunidad que no tengo para amarte.
La pena de ni tan siquiera morir en un intento.

¿Porqué no me dejas volver? ¿Porqué no estás ahí?
Si supieras cuanto te extraño, me darías una sonrisa.
Si imaginaras que muero, me entregarías tu alma.
Que todo en mi vida está apagado, por no tener tus besos.

Camino entre las cercas donde añoro tus palabras.
Te busco entre los arboles, porque me haces tanta falta.
Sueño que estás conmigo, pero duele no ver tu presencia
Atardece y el tiempo pasa, todo sigue ¿De ti? Nada llega.

Me siento culpable de que no estés sentada aquí.
De no poder controlar esta ansiedad tormentosa.
Soy yo el que ha dejado vivir estos instantes desiertos.
De crear cicatrices que no se ven, pero aquí las llevo.

Ven que tengo flores cortadas para adornar tu belleza.
Las contemplo y también me producen un dolor inmenso.
Pero no estas, y las flores se están marchitando.
Como si supieran que creo, que tú me estás engañando.

¿Y porqué debo pensar que todo en mi habré borrado?
Como si fuera la ilusión de un pensamiento raro.
¿Porqué olvidar que los recuerdos podrán existir?
¿Dime por qué? Si estos por siempre te han marcado.

Siempre hay que recordar la verdad.
Caminar al despertar, en donde la flor ya habrá florecido.
Jamás recordar que ayer la incertidumbre te hizo dudar.
Porque jamás ya será verdad, porque ya no habrá existido.

Darlo todo. Darte un corazón completo.
Sin medida. No medias. Nada en partes.
La oportunidad de terminar lo que inicié.
Menos mal que descubrí que ya existes.

Atacando cuerpo a cuerpo toda la vida.
Consumiendo esta relación sin limites.
Que solo sientas el amar de mis caricias.
Yo sin querer más, quedando satisfecho.

Besame más, para sellar el compromiso.
Que los labios se peguen, como una estampa.
Que nuestra sangre se junte, como la tinta.
Para aceptar por siempre esta promesa.

El momento empezará sin supersticiones.
Para que dure siempre tocando el tiempo.
Se acabe el dolor de que no estes conmigo.
Para que lleguemos una vez a nosotros.

Nos quedaremos ahí pues nos corresponde.
Ya no pedirás nada, pues ya lo tendrás todo.
Para saciar el amor que traemos adentro.
Colmar el corazón, conquistando el universo.

Acaban los viajes solitarios en despoblado.
Vacío estremecido por no caminar a tu lado.
Ahora nuestra vida a ido a gran velocidad.
Porque tenemos y somos, un amor perfecto.

Para callar que me conoces y te conozco.
Para gritar, que el amor es por siempre.
Para que cada amanecer, llegue y cuente.
No teniendo más que hacer, que amarte.

El amor subirá y arderá recio en el espacio.
Y solo tu podrás apagarle entre tus brazos.
Porque ahí estará mi lugar en el mundo.
Ahí viviré, porque son las pupilas de tus ojos.

¿Porqué te esmeras en decir que te he mentido?
¿Crees acaso que el pasado pudo haber sido inventado?
¿No sabes que la historia es la verdad vivida?
¿Porqué no saboreas los besos que se quedaron contigo?

Así como tienes tu corazón lleno del mío.
Yo tengo tu nombre, con el cual cada día mantengo el ánimo.
¿Porqué te empeñas en creer en ti, que todo te ha mentido?
¿Cómo puedes mentirte, ignorando lo que hemos vivido?

¿Porqué no escuchas cada palabra que nos dijimos?
Siempre te dije que te amo y no tienes derecho a desmentirlo.
¿Crees que sin sentir, se puedan plasmar tantos poemas?
¿Crees que las mentiras puedan llenar tantas hojas?

Pregúntale a tu corazón... ¿Porqué te gusta lo que te escribo?
Entonces te responderá que si le gusta, es porque me amas.
De igual manera yo te amo solo a ti, mi mujer maravillosa.
Y solo porque te amo de verdad, te escribo lo que te escribo.

Pínchate el brazo, que esto no es una comedia ni una novela.
Es una historia real de la vida cotidiana, donde vive una princesa.
Diferente por tener el más grande amor, siendo la más amada.
Espontáneo, sin guion, sin actuación, sin comerciales, ni sin farsa.

Me extraña que no sepas que las caricias no pueden ser fingidas,
Me sorprende que pretendas que todo haya quedado en el olvido.
Pero si no sabes ¿Cuándo será el tiempo en el que llegará el mañana?
Ve a la primera página, para entender el oráculo de las enamoradas letras.

Solo deja que los colores del arcoíris resplandezcan.
Ya no te vayas, que ya muchas veces me has dejado por un juicio.
Este es el tiempo que te quedes, para vivir el encanto del edén juntos.
Para cruzar nuestras miradas, mientras más en este amor nos hundimos.

Recuerda que estaré frente a tu corazón en el instante de un segundo.
Llevo la esperanza, y con ella quiero hacer un majestuoso arribo.
Porque desde el mismo día que te conocí, eres mi hoy y mi mañana,
Y lo único que sé es que te amo, más que a mi propia existencia.
Que sin ti no existe nada, ni una verdad, ni una falacia.

Esta es la resurrección que deja escuchar tus palabras.
Un yo contigo y tú conmigo, donde pude leer tus letras.
Una manifestación clara, de un Corazón venerado.
Un Grito en el silencio de un papel, implorando ser amado.

Enigmática inspiración para escribir tantas cosas hermosas.
Has desbordado tu alma, para llenar con ella la mía.
Fascinante y sorprendente trovadora, que sujetas mi aliento.
En cada frase, en cada línea, en cada punto, en cada coma.

Siempre quise escuchar los hológrafos de tu espíritu.
Descifrar los majestuosos papiros, rubricados por tus puños.
Me gusta mi ser en ti, vertido en el códice de tus sueños.
Entender a tu corazón, en la pasión de un manuscrito.

Yo contigo y tú conmigo, es un verdadero adagio.
Un pergamino que ha alimentado donde vive la esperanza.
Desde hoy, el torrente donde fluyen las más bellas canciones.
La grafema del amor, que confiesa a las profundas entrañas.

Aquí están los versos para cada pregunta y cada respuesta.
Voces doblegadas a una promesa de un tiempo perfecto.
Una propuesta de la gloria, para morir leyendo lo que es tuyo.
Revelaciones que has desnudado, y que ahora son solo mías.

Cada letra revive cada anhelo, que antes había muerto.
Vehemencia desbordante, acentuada en un epígrafe utópico.
Sinónimo de un alma que descubre el abismal sentimiento.
Es la inspiración de un amor, simplemente perfecto.

Hoy, me siento más ansioso por besar también tus manos.
Porque con la pasión que han escrito, me han seducido.
Que de entre todos los poemas, este tuyo, es el más bello.
Es la sinfonía del cielo, anunciando un corazón enamorado.

Ahora, yo contigo y tú conmigo, es parte de una obra maestra.
Un encanto que me esclaviza en la mezcla de cada palabra.
Es el amor más grande embozado en un lírica.
Tiempo donde las odas juntan, los fragmentos de dos almas.

Hasta hoy he podido entender, lo diferente que todo ha sido.
Tan distinto que inclusive me hace sentir un raro escalofrío.
No es posible todo lo que has hecho, tan solo con tu sombra.
Que me asusta pensar qué pasará, cuando esta desaparezca.

Pero si tu sombra ha podido cambiar mi mundo de esta forma.
Deja tu presencia conmigo, para que todo siga cambiando.
No me importa que viva en la angustia por la incertidumbre.
Hoy es el día que deseo más de ti, porque ya nada es suficiente.

*Aunque solo pueda contemplar la sombra de tu presencia.
Aún así siento, que tu amor sigue sofocando esta llama inmensa.
Como un amor desbocado, follado en la barbaridad de un hálito.
Perdido, navegando en un océano pelágico de tinieblas.*

*Arrástrame en la bruma, para que los pocos días sigan pasando.
Hasta donde quieras postrarme, aun en el mismo holocausto.
Aprovecha que sigo intoxicado por los vestigios de tu espectro.
Estela que poco a poco se esfuma, llevándose también, a mi alma.*

*Escucha por si el imploro, que clama el epílogo de un fantasma.
Ahora me toca seguir a mí, sin sentir la avidez que había sentido.
Que vivo el indicio del colofón de la sombra de tu presencia.
Bizarro del tiempo, en el que sé, que el espasmo no es tanto.*

Asombrosa ironía creer amar un mundo que se veía distinto.
Timado por el delirio del desierto, porque estaba sediento.
Pero es el momento para cambiar todo y alejarme de tu silueta.
Sin vivir más en la sombra de tu presencia, aunque quiera estarlo.

Al final este fue tu orbe, pero no me amaste para que fuese mío.
Y aunque no pueda ni siquiera imaginar, una vida sin ti a mi lado.
Aunque te siga amando, viviendo en la presencia de tu sombra.
Esta ha quedado atrás, y ahora busco otra a la que ya pertenezco.

Es la que ahora ilumina mi caminar, apagando todo el averno.
Siendo un eterno inefable, pero nunca más un caos, ni un páramo.
Germinando otra vez, desde el origen mismo de un espíritu.
Con un adiós a un ayer apócrifo, y un amén a un amor verdadero.

*Por favor guarda silencio.
Siente mis dedos sobre tus labios.
Escucha los suaves vientos.
Escucha que somos perfectos.*

*Un aliento que es de los dos.
Qué aun lejos, nos acerca.
Siente el aura en tu pelo.
Es el halo que nos identifica.*

*Solo levanta tu mano.
Toca el aire que pasa.
Es el mismo que yo toco.
Lleva mi amor en su brisa.*

Ahora envíame un beso.
Que siento tus labios.
Tú siente los míos.
Que yo igualmente te beso.

Siénteme que te acaricio.
Siente el ardor que sale del alma.
Vivamos el arcén del cielo.
Las preces de los suspiros.

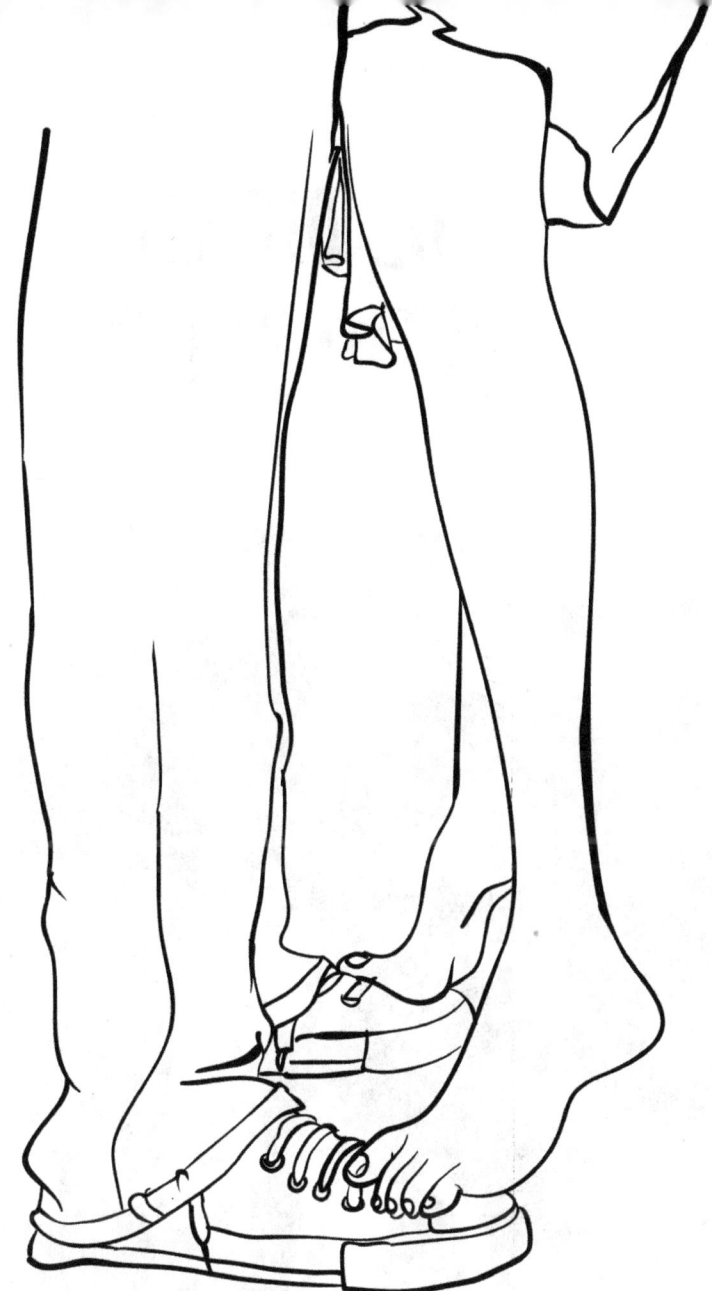

Y cuando la luz del día termine.
Seguiremos por la noche.
De nuevo en la lozanía del amor.
De nuevo empezando el romance.

Sé que pronto estarás aquí.
Para que tu presencia nunca falte.
Que se quede aquí por siempre.
Para que me dejes amarte.

Pero mientras llegas.
Abre tu corazón. Cierra tus ojos.
Vuela en fe. Vive en la confianza.
Escucha el viento, que nos escucha.

*Fue difícil saber que ya no estabas.
Que tu voz ya no escuchaba.
Solo podía ver al tiempo seguir su paso.
Mientras el mío, seguía parado.*

*Aprendi a sentir de todo.
Pero a ti que te quería sentir, ya no te sentía.
Mi alrededor era vacío.
¿Mi interior? Afligido y destruido.*

Me encontré extraviado, sin saber el camino.
El rumbo ya no existía, había desaparecido.
Acepté que te necesitaba desesperadamente.
Para navegar el barco, que quedó a la deriva.

¿Cómo aceptar que mi vida estaba perdida?
Sin retorno, ni esquina, ni avenida.
Mi guía, mi timonel se había ido.
También mi destino. También mi vida.

Es increíble que el teléfono ya no sonaba.
Sin tu voz. Sin un mensaje. Sin una llamada.
Los segundos del reloj ya no marchaban.
Solo la angustia del abandono, aumentaba.

Deseaba solo una señal. Algo que me confortara.
Una diminuta o larga palabra.
Algo que dijera: "Aquí estoy"; o un simple: "Te extraño".
Que estabas ahí, para quedarte a mi lado.

Entendí que no era el tiempo para perderte.
Sentí que era cuando más te amaba.
Que la oportunidad de amarte, era para siempre.
Aunque seguía el silencio del ignoro.

Fue difícil estar sin ti.
Un verdadero tormento. Un inmenso desespero.
Nada sin ti valía la pena, ni nada sin ti era mi sueño.
Fuiste el amor de mi vida. Mi amor eterno.

73

NO PARA DE LLOVER

No para de llover, las gotas se desparraman.
Arrullan con el sonido que emanan.
Como tu pelo sobre la almohada.
Como el salir de tus palabras.

Cada quiragra es un delirio del alma.
La muestra excelsa de un amor que empapa.
Corre por las venas, como corre por las calles.
Moja como tus besos. Moja como tus lágrimas.

El amor navega entre las corrientes.
Como el torrencial aguacero.
Desborda los ríos, inundando praderas.
Es la misma pasión, esparcida en arterias.

Las letras son un diluvio que narran los libros.
Son los relámpagos, la luz de tu mirada.
Desbordante, cuando su fulgor aumenta.
Como lo haces tu, en cada caricia.

Agua limpia y pura, como tu impoluta inocencia.
Borrasca sin freno, ráfaga de cada esquina.
Solo se contiene entre los piélagos.
Y abrigando tu cuerpo, entre mis brazos.

Gotas brillantes como la vida misma.
Como la vida del vivir y la vida de la muerte.
Viviendo por tener tu amor.
Muriendo sin su existencia.

No para de llover, pero en mi sigue tu presencia.
Terminará, pero tú, te quedarás en mi mente.
Vendrá el sol, después la luna, el día y la noche.
Y tu seguirás, mimada en el lugar favorito.

Una tormenta que todo a su paso ha mojado.
Una tromba de amor abundante.
Y ahora a otro lado se ha marchado.
Mientras tu amor, por siempre se ha quedado.

74
TU AMOR TODO LO HA CAMBIADO

*Vivo atónito que algo tan hermoso, también sea un martirio.
Algo, deliciosamente adictivo, pero tristemente un castigo.
Es aquí donde se encuentra la vida, lindante con la muerte.
Pero... ¿Cómo olvidarte, si lo que quiero es recordarte?*

*No te detengas, solo sigue el curso, aunque sea un suplicio.
No olvides que soy un avisado en las sonrisas que mienten.
Tranquilízate y deja que continúe la magia de tu sentimiento.
Que los vestigios sigan virando, en la busca de respuestas.*

Pero... ¿Cómo odiarte, si lo que quiero es seguir amándote?
Si por amor a ti, me he adaptado a nuevos alrededores.
Esperando que las mieles de este cupido, te complazcan.
Pero aprendí, que eres un oasis rústico, sin complacencia.

Por amarte me he castigado, buscando refugio en tus labios.
Escape de la soledad, para esclavizarme en la esperanza.
Aunque sean tantos años, la gloria que contar ya no existe.
Sólo recuerdos del pasado, con miles de fechas de nostalgia.

La facha de tu amor, pasó todas las pruebas de disimulo.
Me hizo sentir bien, sin palpar que era una cadena eterna.
Llegaron los días de caos, adiestrados por tu experiencia.
Como un adagio, marcando la oblea de una sacra promesa.

¿Cómo parar de amarte, si tu amor todo lo ha cambiado?
Dime cómo, si por ti transformé todos mis alrededores.
¿Sabes cómo liberarme del quebranto de tu indiferencia?
¿Por qué te marchas, si lo que quiero es que te acerques?

Me diste algo en que creer, y el ensueño más hermoso.
Sin importar que hoy derrame letras, y lagrimas de tristeza.
Me sentí amado amando, y jamas por ello me lamento.
No cambiaría ese tiempo, aunque me cambió por completo.

Pero sé que cada día, son más las arias que te apartan de mi.
Mientras yo sobrevivo, exhalando coraje e impotencia.
Llevando tu amor, como la única razón de un bello recuerdo.
Rescatándome cada vez que echo, los fantasmas del alma.

Todo a tu alrededor es un mundo equivocado.
Es una verdad que asusta, pero es realidad pura.
Todo es igual pues al parecer está de moda.
Difícil de aceptar, pero todo está descompuesto.

Desde que descubrí tu alma pude descifrarlo.
Desde que empecé a amarte pude entenderlo.
Y hoy que lo veo más claro, lo puedo reafirmar.
Muy tristemente vives en un mundo quebrado.

Y es que siempre me he preguntado....
¿Porqué siendo tan bella nunca te has casado?
¿Porqué siendo quien eres, nadie en ti se ha fijado?
¿Porqué ningún hombre a ti se te ha entregado?

Desde que te encontré pude notarlo.
El mundo en donde vives, tu no le interesas.
Tu eres pura, natural, casta, virtuosa e inocente.
Mientras el mundo está de valores carentes.

Eres una mujer intachable llena de grandes virtudes.
El mundo de ello esta vació solo lleno de lo podrido.
Tu eres sencilla mientras el mundo es arrogante.
Tu llena de verdades en un mundo de falsedades.

Tu solo tienes un camino visiblemente alumbrado.
El mundo tiene muchos, pero todos apagados.
Ayer con un horizonte que hoy se les ha perdido.
Sin un presente mucho menos con un futuro.

Este voltea a tu cuerpo, mientras tu volteas al alma.
Tu eres leal, el mundo hipócrita, deshonesto y egoísta.
Torpe y bruto, mientras tu, radiante de delicadeza.
Amenazada y te mantienes transparente y limpia.

Por eso no han volteado a verte...
Por la inmoralidad, la lujuria y la ignorancia.
Porque eres del mundo, la mujer por demás diferente.
Pero gracias a ello, hoy te tengo a mi lado, por siempre.

76

MIS MANOS SOBRE TU PIEL

No tienes la menor idea de la grandiosa mujer que eres.
Aun en los mejores de los más grandes momentos,
nadie se merece a una fémina tan maravillosa como tu.
Ansioso estoy por ver tu cara en los nuevos amaneceres.

Has superado completamente lo que había imaginado.
Te has llevado de mi toda mi respiración y todo mi aliento.
Eres el amor de mi vida, un amor que cada vez va en aumento.
Grande eres soberana que mueves todo en mí, todo siento.

Creo que este no solo es el curso natural de una relación mágica.
Tu amor es tan asombroso y tan portentoso que quiero vivir en él.
Es tan fantástico para colorear un mundo nuestro por completo.
Podrían pasar eternidades para poder encontrar algo cerca.

Tu amor es tan hermoso que sin el siento llenarme de asfixia.
Y es que tendría que ser de piedra para no sentir lo que siento.
Sin tu amor mi respiración cada vez más sufre y se complica.
Al igual que las páginas de mi cuaderno están vacías y blancas.

Idolatro tu amor, que solo quiero tener mis manos sobre tu piel.
Te adoro que me duele tanto cuando no te tengo en mis brazos.
Quiero ver tu sonrisa complacida que motiva mi sentimiento.
Cuando esta historia sin terminar, termine y la grande empiece.

No quiero escucharte llorar que se me despedaza el pecho.
Menos cuando no estás aquí para consolarte entre mis brazos.
Y si por alguna razón, algún día remoto tienes que estar triste.
Te quiero apoyada en mi hombro para secar tus lágrimas.

Tu que eres una bella guerrera, luchadora, intrépida de la vida.
Mujer fuerte como el roble, inteligente y terriblemente hermosa.
¿Porqué ignoras que no hay nada que merezca un llanto tuyo?
Pero ahora me tienes aquí a tu lado para amarte y protegerte.

Estando a tu lado todos los caminos me guían a la felicidad.
En nuevos días, en diferentes tiempos, aun en varios trayectos.
Todo es hermoso con el solo hecho de saber que estás conmigo.
Pero todo es vacío, frío, seco y plano, cuando no estás aquí.

*Es difícil pensar que las cosas pueden cambiar.
Cuando el peregrinar ha sido el mismo toda la vida.
Desistir de un pensamiento del llegar a nuevas cosas.
Porque son muy grandes y también muy hermosas.*

*¿Porqué tendría que ser diferente si nunca lo ha sido?
Aunque podemos ver más allá de los cristales de la ventana.
Mucho más allá de aquellas pequeñas lejanas luces.
Impedimos el caminar porque aquí siempre se ha quedado.*

Pero no hay que detener el vivir de un corazón rebelde.
Que sigue la grandeza de aquel que ha hecho tanto en la vida.
Tan siquiera habitar el conocimiento que se adueña de la libertad.
Con el estallido de surcar las ilusiones a pesar de lo que duela.

Ahí están los corazones que temen a todo cambio.
Que la vida los ha acostumbrado a sentir los mismos sentires.
A todo le llaman delirios, aunque sean obvias verdades.
Porque en ese mundo manejable no existe otra cosa.

Es por eso que el tiempo por completo nos acerca o nos aleja.
Si el grito es suficiente honesto, se funde en un solo encuentro.
De lo contrario cuando es solo una fugaz llamarada intrépida.
Siempre se va y se separa, como lo hacen, los mares y los océanos.

Quizás ahora que no estoy, sepas que siempre te escuché.
Que aún sin estar mi cuerpo, siempre he estado a tu lado.
Ahora que no estas, sé que eres una mujer mil estrellas.
Pero el tiempo nos alcanzó y ya no pudimos evitar alejarnos.

Siempre te he escuchado y por ello ahora mucho te extraño.
Es demasiado el silencio que ensordece seguir escuchando.
Hoy podemos darnos cuenta que todo se pudo haber superado.
Y que al final el camino que nos separa, va y viene para dos lados.

Pero nuestro amor no debe quedar olvidado en las sombras.
Si pudimos encontrar un propósito para darle sentido a todo.
Es porque la vida nos ha dado las palabras para escribir un libro.
Y porque descubrimos que somos dos, que amarnos debimos.

MUJER DE Plástico

78

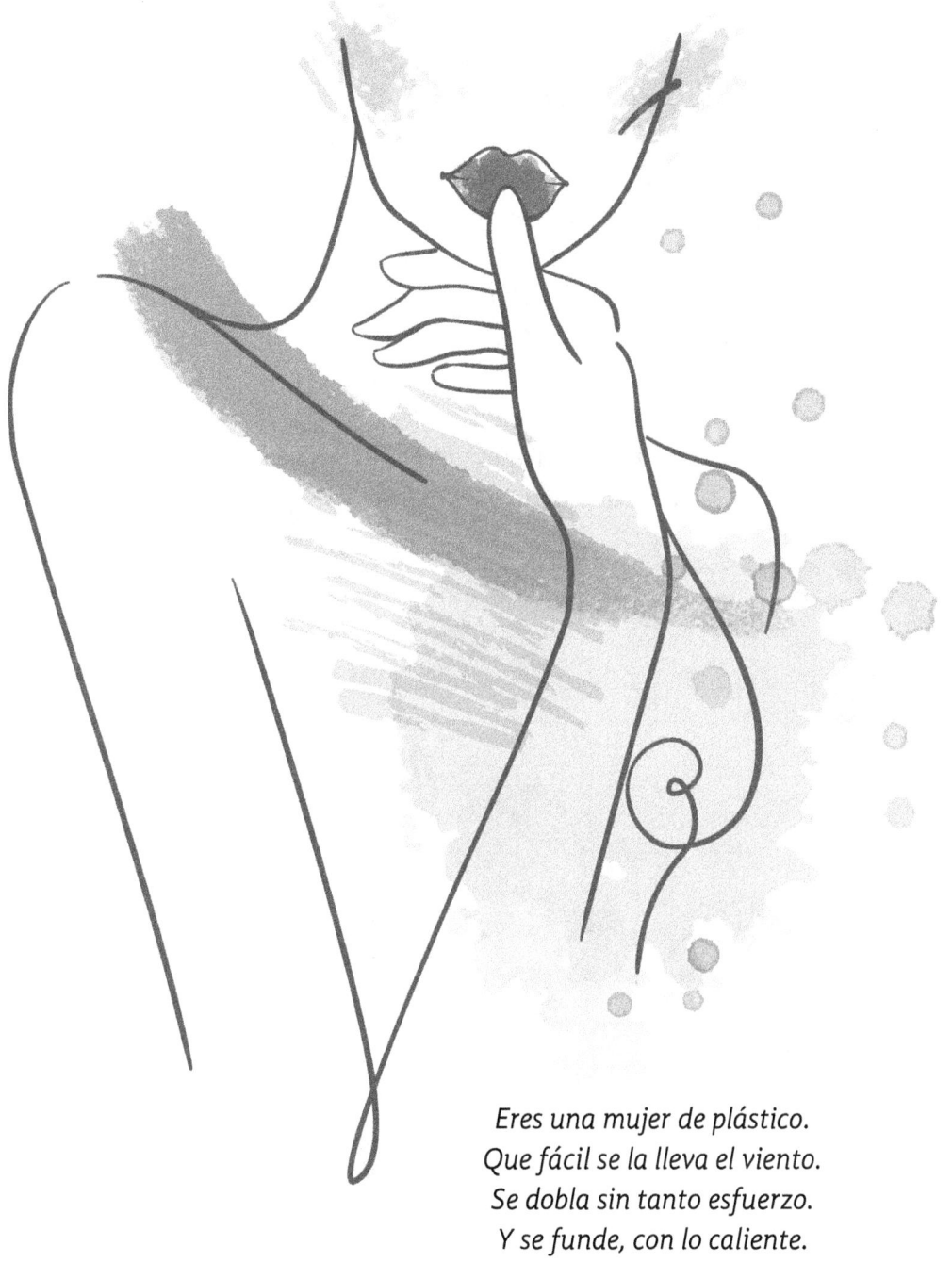

Eres una mujer de plástico.
Que fácil se la lleva el viento.
Se dobla sin tanto esfuerzo.
Y se funde, con lo caliente.

Por ello ya no puedo amarte.
Ahora prefiero alejarme.
No tienes fuerzas para quedarte.
Yo no debo, ni quiero amarrarte.

Es mejor dejar que vueles.
No puedo pedir que te quedes.
Desaparece en la distancia.
Vete, que el aire ahí lo tienes.

Ya nada va a ser como antes.
Prefiero mejor que te marches.
Solo apresurate y apártate.
Y ojala, nunca jamás regreses.

Es mejor que ya no me busques.
Caza a quien puedas acercarte.
Que ya no puedes volver a tener,
lo que fue tuyo, pero dejaste.

Ya no te necesito en mi vida.
Ni tampoco tu piedad, compasión.
Yo no puedo sentir, por alguien que se derrota.
Y aun busca mil razones.

Aunque yo por amarte, sea flexible.
Ahora soy yo el que me quiero ir.
No puedo mimar un elástico.
Ni querer a algo frágil y blando.

El corazón cuando ama es fuerte.
No juega ni se burla de la otra parte.
Por eso sigue tu rumbo, desaparece.
Y olvida que ayer, te pedí quedarte.

*Eres una ladrona excepcional.
Has hurtado toda mi alma.
La única huella que dejaste.
Es el sabor ardiente de tus labios.*

*Grité por ayuda desde lo más alto.
Ahí mi voz retumba como un eco.
Que escuchen todas mis palabras.
Que sepan todos que te aman.*

Donde estés, también me escuchas.
Ven a cumplir con nuestro pacto.
Aquí está un lugar especial para ti.
Mismo que dejaste en el holocausto.

Aún existe en mi corazón la esperanza.
Para que siempre pueda encontrarte.
Te dije que jamás te dejaría marcharte.
Porque en mi vida quiero tenerte.

Que hay amores por los que se muere.
A los que nunca quieres recordar.
Pero existe solo uno que te roba todo.
Por el cual vives para todo dar.

Hoy está mi corazón enamorado.
Sin clemencia lo has venido a marcar.
Te ama con arrebato, frenesí y desespero.
Te grita que regreses, para volverlo a besar.

Ya no puedo esperar más por el tiempo.
Ni quiero que vengas de nuevo a atracar.
Que ya te he entregado lo que tengo. Y
a no hay nada más que te puedas llevar.

Solo quiero que vengas y te quedes a mi lado.
Para que nunca te vuelvas a marchar.
Te amo que deseo de ti estar acompañado.
Que ahora soy yo, el que te quiere robar.

LA LUNA DE TUS NOCHES

De qué manera has entrado en mi corazón.
Es hoy cuando más te siento dentro de mi alma.
Aunque estas aparte, tu presencia vive a mi lado.
Pues cada suspiro inevitablemente te extraña.

Mis ojos enamorados te ven en la distancia.
Solo con imaginarte mi organismo se regocija.
Me hace vibrar, me estremece y mi respirar agita.
Donde deambula el andar, pero acerca todo trecho.

Mi vida está en tus manos y en ellas me hace soñar.
Son el cimiento de ilusiones donde nada puede faltar.
Donde se alivian los respirares y alimenta la paciencia.
En el que el amor es la realidad de cada amanecer.

Inmensamente eres amada como también mi poesía.
Nada en mi vida pudo ser más certeramente perfecto.
Que contigo he alcanzado el sentimiento inalcanzable.
Viviendo el hoy como si estuviera en el mañana diestro.

Inspiración mía que has arrebatado mi pensamiento.
Aunque he luchado por no llegar a este momento.
Lo quise y lo deseé, pero tuve miedo perder mi aliento.
Hoy que todo ha llegado, soy feliz y no me arrepiento.

*Basta con ver tus lagrimas para saber cuánto me amas.
Hasta escuchar tu palpitar para nunca renunciar a ti.
Quiero que tu veas la sangre que emana del corazón.
Para que entiendas que no es fácil vivir sin ti más.*

*Son palabras a ti llenas del más recóndito sentimiento.
Fuente de desahogo por tanto que se guarda adentro.
Desespero como los semáforos que dilatan en cambiar.
Como un arreglo musical que no encuentra un aplaudo.*

*Déjame ser la luna que alumbre siempre tus noches.
Llevo el caudal de amor para ser destino de tu camino.
No existe distancia para que el amor pierda la magia.
Solo el tiempo que por siempre te tendré en mis brazos.*

*Lo que puede ser cada día.
Llenos de amor, besos, y caricias.
Días de flores y encantadores poemas.
Días de jugueteos y largas sonrisas.*

*Días de charlas interminables.
Planes infinitos, y bellas promesas.
Días divertidos, de coqueteos y seducciones.
Días, años y después eternidades.*

Días de desayunos en la cama.
Con luchas de ternura, de paciencia.
Con suaves pellizcos, y mordidas tiernas.
Días de ignorancia por saber quien mas ama.

Días de profundo amor y de diferencias.
Días de acuerdos y de discusiones sabias.
De agradecimiento por tantas bendiciones.
Días de Dios, de fe y de esperanza.

Días de planes, y de grandes proyectos.
Días de fantasías e interminables sueños.
De ideas, de logros y crudas verdades.
Días arduos, que nunca olvidan un te amo.

Días inseparablemente juntos.
Amándonos en las impetuosas tormentas.
Socios en la escasez y en la abundancia.
Celebrando triunfos, y también fracasos.

Días de perdón y de comprensión.
Disfrutando de abrazos dulces y fuertes.
Fundidos en el deseo, la pasión y el placer.
Aliados para vivir, y nunca desfallecer.

Días para ser una vida nueva cada día.
Fortalecidos en un cuerpo de una familia.
Porque es lo que puede ser cada mañana.
Un día que es, porque nos aguarda.

Tu Amor
82

¿Quieres saber cuánto te amo?
Solo ve lo que mi corazón ha cambiado.
Bastaría que lo lleves contigo por un segundo.
Y entonces podrás saberlo.

Aun teniendo la oportunidad de volver a nacer.
Serias en mi vida otra vez lo más importante.
Sin duda, te quisiera nuevamente a mi lado.
Aunque en mí, vuelvas a cambiarlo todo.

Te amo tanto, que nunca más podría vivir sin ti.
Y aunque duela el amarte y el alma me rompa,
con un segundo de tu amor es suficiente,
para quererlo vivir eternamente.

¿Quieres saber porque te amo?
Te amo por todo lo que tu amor me ha traído.
Te amo por todo lo que tu amor me ha dado.
Por caminar en mi corazón y haberlo cambiado.

Te amo, por que eres un amor diferente.
El amor del hoy, del mañana y del siempre.
El amor con el cual puedo voltear al futuro.
El amor donde vive el mejor tiempo.

*Eres el amor que llega, como la muerte.
Que te quita la existencia, y te da la vida eterna.
Como la sal, que purifica.
Pero también, te conserva inerte.*

*Tu amor me da todo, y todo me quita.
Tu amor me llena, pero también me vacía.
Pero al final, te amo tanto...
Porque tu amor me hace tocarte con mi mirada.*

*Sin duda te quiero por siempre a mi lado.
Aunque con cada amanecer siga cambiando.
Porque me amas, como me amas.
Y yo te amo, como nunca había amado.*

Nada es suficiente

83

Cuando me acerco...
Quiero adherirte a mi cuerpo.
Asfixiarme en el oreo que aspiras.
Envenenarme en tus mieles.

Contigo...
Puedo tener un mañana maravilloso.
Ver a un final y planear un futuro.
Sin que en el alma, exista tristeza.

Tu eres un sueño latente para escribir.
Todas las razones para creer.
Todas las razones para vivir.
Todas las razones para seguir.

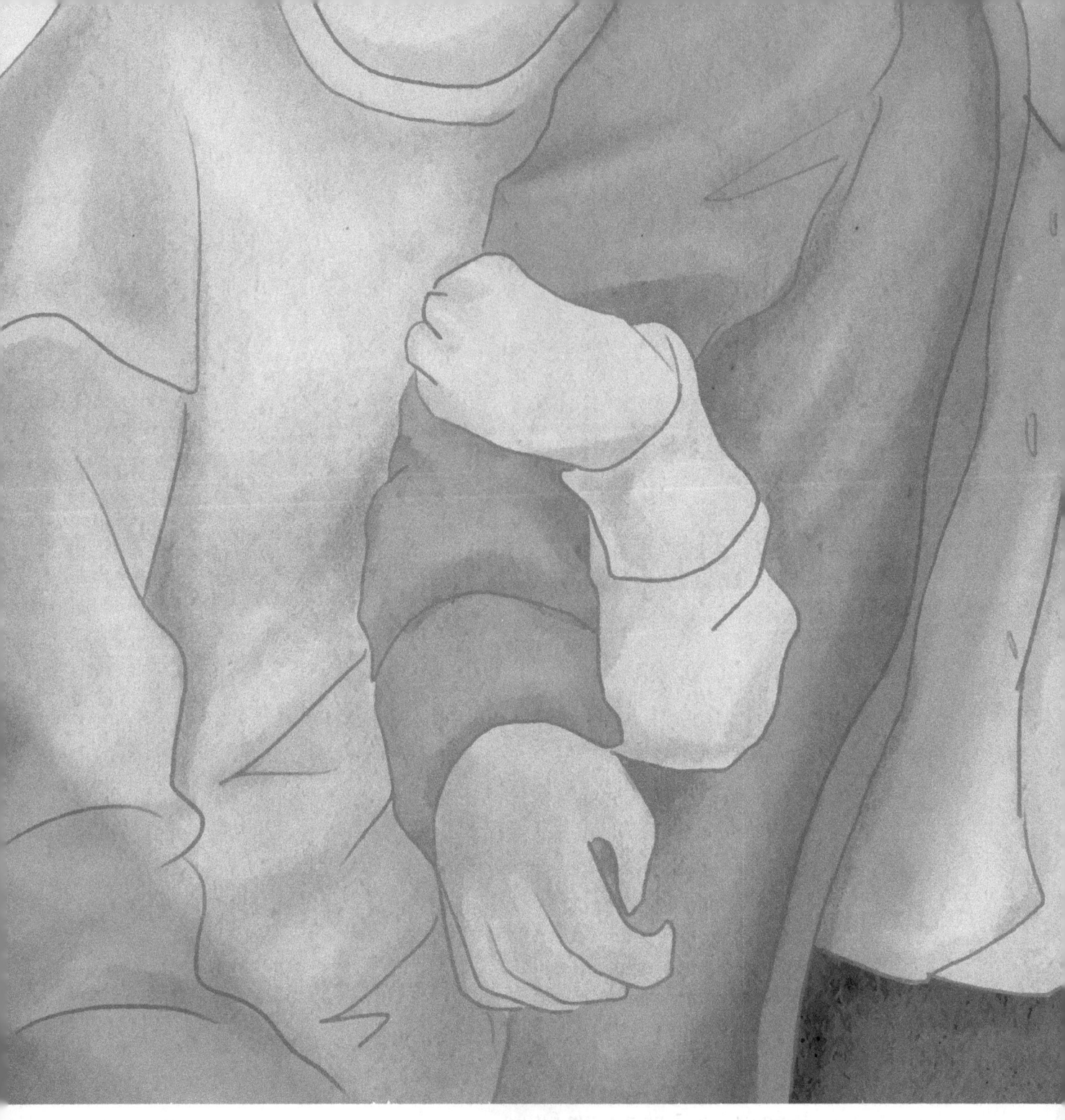

A tu lado...
Todo es fácil y hermoso.
En ti está todo lo que necesito.
Mientras que sin ti, nada es suficiente.

Cuando me alejo...
Quiero llevarte conmigo.
Juntos recorrer los caminos.
Y perderme en el edén de tu encanto.

Si tu faltas...
Todo es dolor e incertidumbre.
Todo es amargo y oscuro.
Nada es igual. Nada tiene sentido.

Sin ti...
Aunque tenga todo, nada es suficiente.
Sin ti, es el final de todo.
Por qué eres la mujer de mi vida, y no te tengo.

Al final...
Si no puedo estar contigo, moriré feliz.
Sabiendo que te amé, sin quedarme con nada.
Y porque nada, fue insuficiente.

LA BÚSQUEDA DEL TIEMPO

84

Un día voltee mi mirada a verte.
Vi en ti, a la mujer de mis sueños.
Con esperanza salí en tu busca.
Para no querer regresar nunca.

Sentí en mi, una decisión de vida.
Ansiaba descubrir mi sonrisa.
Te vi como un Angel frente a mi.
Y supe, que eras tú, mi musa.

Nació mi pasión por saber de ti.
Me alivio escuchar tus palabras.
Sucumbí cuando rocé tus manos.
Desfallecí cuando sentí tus labios.

Tu y yo, solos entre la multitud.
Somos nada mas lo que existe.
Suspirando tu respirar para vivir.
Tocando tu piel, para nunca morir.

Me gusto estar enamorando.
Sentir que todo vuelve a caminar.
Encontrar el lugar de mi corazón.
En alguien como tu, muy especial.

Saber que eres precisamente tú.
La búsqueda del tiempo.
Del orbe, la mujer más maravillosa.
Y la dicha de ser yo, quien te besa.

Pero te extraño y me causa dolor.
Sin ti, ya no me acostumbro.
Has hecho en mi, resucitar los aires.
Caminar de nuevo en las aguas.

Hoy siento el clamor dentro de mi.
Escucho el eco de vivir cien años.
Y que aunque el mundo se acabe.
Mi amor por ti, vivirá por siempre.

85

Un momento

*Tan solo verte un momento ha sido suficiente.
Voltear hacia dónde estás, lo ha hecho todo perfecto.
Y aunque a veces no estes, vive en mí una promesa.
La ilusión de la aurora en vivir de nuevo el bello instante.*

*Un momento que pude escucharte y sentir tu sonrisa.
Encontré el momento que fue como una estigma.
Impregnando la evocación de un espíritu inerte.
Y el renacer del alma en la antífona del tiempo.*

Caminaste a mi lado para traerme el mundo de cerca.
Un orbe que ostenta la luminaria de una esperanza.
Retumbando el llamado que este es el mejor momento.
El cántico del himno de la ilusión para la solemne alma.

Un momento que ha quedado en un corazón verdadero.
En donde existe tu nombre como hercúleo eterno.
Sin que vague la angustia de saber si volveré a verte.
Porque es el inexplicable momento, del mismo espíritu.

No quiero cambiar tu vida si no que me dejes entrar en la tuya.
No quiero robar tu corazón sino que te adueñes del mío.
Caminar de tu mano en la interminable brisa del piélago.
Y desencadenar contigo el delirio del calcinante tórrido.

Quiero que sientas los destellos que ves en mis ojos.
Que vivas este momento que ha quebrado mí adentro.
Quiero por cien años mas seguir viviendo en tu alma.
Escuchar en silencio las ansias fervientes de tu cuerpo.

Habita en mi el momento en que te vi mi hermosa musa.
Cuando estuve en la orilla de perecer, y tú apareciste.
Ahí, cuando ya no quise peregrinar en un camino vacío.
Sumergido en la profundidad de un sentimiento anónimo.

Ahora el amor palpita con el poder de tu existencia.
Ansioso de perderme en la majestuosidad de tu universo.
Un momento para enamorarte hasta perder las palabras.
Para conocer los secretos de los más hermosos mañanas.

Sigilosa numen en un mundo lleno de extraños.
Ahora entiendo que mi vida te había estado esperando.
Precisamente a ti, en la llegada de un momento diáfano.
En un milagro de fe de un amor por encontrar un camino.

ESTE LIBRO EXISTE GRACIAS A TÍ,
POR ELLO QUIERO DECIRTE

Gracias

QUE HAS DEDICANDO
TU TIEMPO A LEER ESTAS LÍNEAS.

José Lárraga

Yo Soy A Quien Tú Amas

Gracias a la pasión de los poetas aristocráticos del mundo por seguir despojándose de la sofisticada magia de las emociones a través de la belleza de las palabras.

Gracias a todos los artistas y organizaciones que me ayudaron a hacer posible este libro.

A todos ellos mi especial y más sincero agradecimiento por compartir su talento no solo conmigo sino con todos.

A todos ustedes, **Gracias por todo lo que crean.**

Gracias a **La Organización De Las Naciones Unidas Para La Educación, La Ciencia Y La Cultura** (UNESCO), por celebrar cada año el arte de la Poesía | 21 de Marzo, Día Mundial de la Poesía.

Gracias a:

FREEPIK COMPANY, S.L.
13 Molina Lario Street, 5th Floor 29015
Málaga, SPAIN
VAT Number ESB93183366
Email: rpd@freepik.com.

Asi como tambien a todos **sus artistas colaboradores** por una o mas de sus ilustraciones, gráficas, fotografias o cualquier otro elemento, incluídas en este libro para el enriquecimiento de cada uno de los poemas.

ENVATO ELEMENTS PTY LTD
PO Box 16122
Collins Street West Melbourne,
Victoria 8007 Australia
VAT #: EU826463953
Registration #: 87 613 824 258

Finalmente gracias a mi Agente Literario,
Leticia Gomez | Café con Leche Books
3 Griffin Hill Court
The Woodlands, TX 77382
281-465-0119
cafeconlechebooks.com

Yo Soy A Quien Tú Amas

YO SOY A QUIEN TÚ AMAS YO SOY

YO SOY A QUIEN TÚ AMAS

www.ingramcontent.com/pod-product-compliance
Lightning Source LLC
Chambersburg PA
CBHW080632170426
43209CB00008B/1554